VOITURES DE RÊVE

VOITURES DE RÊVE

© Elcy pour la version française
Réalisation : InTexte Édition, Toulouse
Traduction : Adélaïde Blot, Olivier Jacoulet

Copyright © Igloo Books Ltd
Igloo Books Ltd
Cottage Farm
Sywell
NN6 0BJ

Édition : BlueRed Press Ltd
Couverture : Stephen Croucher
Design : Jon Morgan

Achevé d'imprimer : avril 2013
Dépôt légal : 2e trimestre 2013

ISBN : 978-2-7532-0703-5

Imprimé en Chine

Tous droits de traduction, d'adaptation et de reproduction réservés pour tous pays.
« Toute représentation ou reproduction, intégrale ou partielle, faite sans le consentement de l'auteur ou de ses ayants droit ou ayants cause, est illicite » (article L. 122-4 du Code de la propriété intellectuelle – Loi du 11 mars 1957, alinéa 1er de l'article 40).

En application de la loi du 11 mars 1957, toute représentation ou reproduction intégrale ou partielle de ce livre, stockée ou transmise par quelque moyen que ce soit – électronique, mécanique, reprographie, enregistrement ou autre – est strictement interdite et constituerait une contrefaçon sanctionnée par le Code pénal (article 425 et suivants) et le Code de la propriété intellectuelle.

Sommaire

6	*Introduction*
8	**Voitures mythiques**
10	Alfa Romeo 8C Competizione
12	Aston Martin DB9
16	Bentley Brooklands
20	Bentley R-Type Continental
24	BMW Z8
28	Bugatti EB 16/4 Veyron
32	Bugatti EB110 SS
34	Bugatti Type 35
38	Cadillac Eldorado Convertible
40	Chevrolet Camaro Z28
44	Chevrolet Corvette Sting Ray
48	DeLorean DMC-12
52	Ferrari 246 GT Dino
56	Ferrari 250 GTO
60	Ferrari 365 GTB/4 Daytona
62	Ferrari California
66	Fisker Karma
70	Ford GT40 Mark I Production
74	Ford Mustang
76	Ford Thunderbird
80	Infiniti FX50
82	Jaguar D-Type
86	Jaguar E-Type
90	Jaguar XFR
94	Lamborghini Miura P400
98	Maserati GranTurismo S
102	Mercedes-Benz 300 SL
104	Plymouth Superbird
106	Rolls Royce Phantom Drophead Coupe
110	Rolls Royce Phantom
114	Spyker C8 Laviolette
118	**Voitures rapides**
120	AC Cobra 427
124	Aston Martin DB5
126	Aston Martin V8 Vantage
128	Audi quattro
130	Audi R8
132	Bentley Continental Supersports
134	BMW M1
136	BMW M3 CSL
138	Chevrolet Corvette ZR-1
142	Dodge Challenger SRT8
144	Dodge Charger 500 Daytona
148	Dodge Viper SRT-10
152	Ferrari Enzo
156	Ferrari F40
160	Ford GT
164	Gumpert Apollo
166	Jaguar XJ220
170	Konigsegg CCX
174	Lamborghini Countach
178	Lamborghini Gallardo
180	Lamborghini Murcielago
184	Lotus Esprit Turbo
186	Maserati Bora
190	McLaren F1
194	Mercedes-Benz SLR McLaren Roadster
196	Mercedes-Benz SLR McLaren Stirling Moss
200	Morgan Aero 8
202	Pagani Zonda
204	Porsche 911
206	Porsche 911 GT3
208	Porsche 959
210	Porsche Carrera GT
214	Shelby Mustang GT350
216	Toyota 2000GT
220	TVR Griffith
223	*Crédits photographiques*
224	*Index*

Introduction

Le monde entretient une véritable histoire d'amour avec les voitures depuis que Gottlieb Daimler et Karl Benz inventèrent les véhicules à essence, événement qui marqua le début de l'ère de l'automobile moderne. Rien ne reflète plus cette passion que les voitures de rêves et les voitures rapides qui poussent tout conducteur à s'arrêter pour observer dès lors que l'une de ces voitures spéciales s'arrête à côté de la sienne.

Lignes épurées, designs élégants, finitions spéciales et exclusivité sont les caractéristiques qui définissent une voiture de rêve, une voiture classique, ce type de voiture qui n'a jamais l'air dépassé. Une voiture n'a pas besoin d'être vieille pour être une voiture de légende. Ce qui fait une voiture de légende, c'est plutôt une association de l'aspect et de la tenue de route d'une voiture. Mais, si elle est élégante, gracieuse et légèrement glamour, une voiture sera considérée comme une voiture de rêve. Si une voiture fait battre les cœurs plus vite, si en acheter une est une décision prise avec le cœur plus qu'avec l'esprit, alors il s'agit d'une voiture de rêve.

Les voitures rapides dégagent une sensation de puissance. On les reconnaît à leurs accélérations, à leur moteur, à leur vitesse, à leur transmission, à leur adhérence et à leur maniabilité. Ce sont ces voitures qui atteignent 320 km/h – facilement – et prennent les virages sans difficulté.

Les voitures de rêve et les voitures rapides sont des voitures uniques, spéciales, attrayantes et qui captent l'attention. Des voitures face auxquelles votre cœur bat la chamade. Des voitures qui déclenchent les passions.

Alfa Romeo 8C Competizione

Dotée d'un châssis Maserati et d'un moteur conçu par Maserati, la 8C Competizione arbore pourtant des autocollants Alfa Romeo. La 8C fut conçue et présentée au Salon de l'automobile de Francfort en 2003 comme un concept car ; sa transformation en voiture de série, qui prit trois ans, ne lui fit cependant perdre ni sa grâce, ni sa puissance. Elle est toujours dotée de bouches d'aération et de phares encastrés ainsi que de quatre pots d'échappement et de feux circulaires doubles à l'arrière.

La 8C fut baptisée ainsi en référence à l'Alpha Romeo huit cylindres de sport qui domina les courses européennes avant la Seconde Guerre mondiale ; la 8C 2900, plus spécifiquement, remporta de nombreuses victoires et devint l'un des meilleurs grand tourisme de son époque. La 8C s'inspire également d'autres reines du passé, notamment la Tipo 33 Stradale et la Giulia TZ2, même si son design moderne – conçu par Wolfgang Egger du Centro Stile d'Alfa Romeo – est loin de tomber dans le style rétro. Au contraire, la 8C, dotée d'un long capot et d'un coffre court, est un supercar extrêmement moderne. Un sillon horizontal au-dessus du passage de roue rend la voiture visuellement plus dynamique tandis que les grosses roues et les ailerons arrière soulignent le potentiel du dernier supercar d'Alfa. L'efficacité aérodynamique était le principal objectif lors de la création de la carrosserie ; toutes les surfaces sont donc pensées pour faire passer l'air, même si les éléments déterminants sont cachés sous la carrosserie, où un soubassement aérodynamique abaisse le centre de gravité et permet d'éviter d'installer des ailerons et autres becquets.

Sous le capot de la 8C Competizione se trouve un V8 de 4 691 cm^3, développant 450 ch à 7 000 tr/min et un couple de 470 Nm à 4 750 tr/min, qui actionne les roues arrière *via* une transmission manuelle électrohydraulique six vitesses. Contrôlée par des barres placées derrière le volant, la boîte de vitesses peut être utilisée en mode manuel ou en mode automatique, et en modes normal ou sport. La suspension indépendante est composée d'une double triangulation, d'amortisseurs à gaz réglables, de ressorts et d'une barre antiroulis à l'avant et à l'arrière. Le freinage, lui, est assuré par d'imposants disques.

Les performances de la voiture sont incroyables : elle fait le 0-100 km/h en 4,2 s et atteint la vitesse maximale de 291 km/h.

ALFA ROMEO 8C COMPETIZIONE 2006

MOTEUR : V8 de 4 691 cm³

PUISSANCE MAXIMALE : 450 ch à 7 000 tr/min

COUPLE MAXIMAL : 470 Nm à 4 750 tr/min

VITESSE MAXIMALE : 291 km/h

ACCÉLÉRATION 0-100 KM/H : 4,2 s

TRANSMISSION : manuelle électrohydraulique 6 vitesses

LONGUEUR : 4,381 m

LARGEUR : 1,894 m

HAUTEUR : 1,341 m

EMPATTEMENT : 2,646 m

DATE DE PRODUCTION : depuis 2006

FREINS : à disque (AV et AR)

SUSPENSION : à double triangulation (AV et AR)

JANTES : alliage, 20 pouces

PNEUS : 245/35 R-20 (AV et AR)

La 8C est donc plus rapide que la Maserati GranTurismo, à qui elle emprunte ses suspensions, et que la Maserati Coupé, dont sa structure s'inspire. Elle est presque aussi rapide que la Ferrari F430, grâce à sa carrosserie en fibre de carbone qui la rend de 80 kg plus légère que ses cousines Maserati. Sur la route, l'Alfa 8C est très rapide, mais elle est aussi très bruyante, ses pots d'échappement ronflant et son tuyau d'échappement faisant des craquements.

Dans l'habitacle deux places, se côtoient de la fibre de carbone et les plus beaux cuirs. Les propriétaires peuvent même demander qu'un bagage en cuir de leur choix soit installé sur la plage arrière. Outre cela, l'intérieur est simple et classique. Les compteurs de vitesse et de révolutions sont cachés par des bouchons tandis que le bouton de démarrage est proéminent.

On peut se demander s'il s'agit d'une véritable Alfa Romeo, étant donné que son châssis et son système de suspension sont de marque Maserati, que son moteur est inspiré d'un moteur Maserati existant et construit par Ferrari et que la voiture

elle-même est assemblée par Maserati à Modène et non dans l'une des usines d'Alfa Romeo, à Milan ou à Turin. Mais est-ce bien important ? La 8C Competizione est tellement merveilleuse, attirante, et classiquement élégante qu'on peut tout lui pardonner – même son prix de 130 200 euros. Alfa a prévu de ne produire que 500 exemplaires du coupé 8C et 500 exemplaires du cabriolet 8C Competizione Spyder, si bien que la voiture sera toujours un supercar très rare.

Aston Martin DB9

La DB9 était censée assurer l'avenir d'Aston Martin. L'entreprise avait été rachetée plusieurs fois mais, après avoir été intégrée au Premier Automotive Group de Ford (qui incluait aussi Jaguar, Land Rover et Volvo), elle avait mis de l'argent de côté pour construire une nouvelle usine à Gaydon, dans le Warwickshire (Royaume-Uni) afin de remplacer la vieille usine de Newpot Pagnell où elle avait construit ses voitures pendant de nombreuses années.

Lorsque la DB9 apparut, l'avenir sembla tout à coup plein de possibilités : la nouvelle 2+2 était non seulement magnifique mais elle avait aussi toute la puissance nécessaire pour participer à la ligue des supercars, un système de suspension qui la rendait extrêmement agile, et un splendide habitacle fabriqué à la main. Ainsi, lors de son lancement en 2004, l'Aston Martin DB9 était l'une des voitures les plus sophistiquées du marché.

Son cadre en aluminium est léger, résistant et très efficace. En effet, bien que 25 % plus léger que celui de la DB7, son châssis est deux fois plus rigide. Le moteur, la transmission et la suspension sont fixés sur le châssis, puis la carrosserie y est à son tour montée, ce qui accroît la raideur de la structure tout en éliminant les craquements et les vibrations. Les ailerons avant, le capot et le toit sont fabriqués en aluminium alors que l'aileron arrière et le coffre sont en composites légers. La suspension avant de la DB9 est fixée sur un sous-châssis en aluminium séparé, alors que la suspension et le transaxle arrière sont fixés sur leur propre sous-châssis. À l'avant et à l'arrière se trouvent des A en aluminium et des absorbeurs de chocs en aluminium. Le freinage, par disques à l'avant et à l'arrière, est facilité par des systèmes électroniques, notamment un répartiteur électronique de freinage, une assistance au freinage et un ABS.

La DB9 est équipée d'un V12 48 soupapes de 5 953 cm³ inspiré de la Vanquish qui développe 40 ch à 6 000 tr/min et un couple de 570 Nm à 5 000 tr/min, dont 80 % disponibles dès 1 500 tr/min, ce qui fait la voiture très maniable à basse vitesse et extrêmement réactive à plus grande vitesse. La DB9 fait le 0-100 km/h en seulement 4,9 s et atteint la vitesse maximale de 299 km/h.

Le moteur est installé tout à l'arrière et est accouplé au transaxle arrière par un arbre de transmission en fibre de carbone placé dans un tube en aluminium, ce qui garantit une répartition du poids de 50:50. La boîte de vitesse est disponible en version manuelle six vitesses et en version automatique six vitesses, cette dernière étant le premier « shift-by-wire », un système qui permet au conducteur de sélectionner les vitesses « parking », « marche arrière », « conduite » ou « neutre » en appuyant sur un bouton. Le conducteur peut aussi passer les vitesses manuellement en tirant ou poussant les baguettes du volant.

Outre l'architecture mécanique de la DB9, il est important de noter son apparence. Son design est une réinterprétation moderne de l'Aston Martin de sport classique : galbée, élégante et simple, la DB9 ne cache ni son potentiel ni son agilité.

Peu après le lancement de la DB9 fut présentée la DB9 Volante, dotée d'une capote complètement rétractable. Rangée sous la carrosserie, cette capote qui se rabat en seulement 17 s, n'affecte pas les élégantes lignes du véhicule. Sur le plan mécanique, la Volante est identique à la DB9 coupé si ce n'est qu'elle est équipée de capteurs qui, face au risque de tau, font sortir de l'arrière des repose-tête deux arceaux qui, ajoutés au pare-brise, pèsent plus de deux fois le poids de la voiture.

ASTON MARTIN DB9 2004

MOTEUR : V12 de 5 953 cm³
PUISSANCE MAXIMALE : 450 ch à 6 000 tr/min
COUPLE MAXIMAL : 570 Nm à 5 000 tr/min
VITESSE MAXIMALE : 299 km/h
ACCÉLÉRATION 0-100 KM/H : 4,9 s
TRANSMISSION : manuelle ou automatique 6 vitesses
LONGUEUR : 4,691 m
LARGEUR : 1,875 m
HAUTEUR : 1,305 m
EMPATTEMENT : 2,740 m
DATE DE PRODUCTION : depuis 2004
FREINS : à disque (AV et AR)
SUSPENSION : à double triangulation (AV et AR)
JANTES : alliage, 19 pouces
PNEUS : 235/40 ZR-19 (AV), 275/35 ZR-19 (AR)

Bentley Brooklands

Il ne s'agit pas seulement d'une vieille Bentley. Il s'agit du dernier coupé Bentley Brooklands, un coupé deux portes de la gamme Arnage/Azure qui fut le dernier modèle de la famille Bentley, avant que l'Arnage ne soit finalement remplacée. Mais considérer la Brooklands comme un coupé Arnage ou une Azure reviendrait à avoir mal compris quelque chose. La Brooklands est en effet plus rapide, plus sportive et plus agressive que ses sœurs, sans compter qu'elle a un caractère unique qui en fait un nouveau modèle.

Cette Bentley est un coupé grand tourisme à quatre sièges avec beaucoup de style, des proportions britanniques classiques et qui réalise de très bonnes performances. Ce véritable hard-top est dénué de toute fenêtre centrale qui couperait ses élégantes lignes. L'aspect sportif de la voiture est tout à fait en accord avec les performances phénoménales du V8 fabriqué par Crewe de Bentley. En effet, sous le long capot de la Bentley Brooklands se trouve le V8 le plus puissant que l'entreprise ait jamais produit – un 530 ch, 6,76 l double turbo qui développe un couple prodigieux de 1 050 Nm.

Chose incroyable, le premier V8 de Bentley fut installé sur la berline Bentley S2 en 1959, avec une capacité de 6,23 l. La S2 était très en avance sur son temps, avec sa carrosserie en aluminium, son arbre moteur et sa bonne boîte de vitesses, le tout développant environ 200 ch et un couple de 400 Nm Ces caractéristiques en faisaient un moteur léger et flexible qui produisait son couple maximal à basse vitesse – marque de fabrique de tous les moteurs de Bentley.

En 1969, la capacité fut alésée à 6,75 l, capacité qu'ont toujours les moteurs aujourd'hui, mais le changement majeur fut celui de 1982, quand Bentley installa un turbocompresseur pour créer la Mulsanne Turbo, voiture développant près de 300 ch qui transforma l'image de Bentley. Les doubles turbos, arrivés avec l'Arnage en 2002, développaient jusqu'à 450 ch.

Pour l'Arnage 2007, le V8 fut modifié en termes de performance et de raffinement. C'est de ce moteur amélioré que fut inspiré le moteur de la nouvelle Bentley Brooklands. Une boîte de vitesse redessinée et de nouveaux turbocompresseurs faible inertie, plus efficace à basse vitesse, réduisirent le turbo-lag, améliorant ainsi le rendement du couple quelles que soient les révolutions. Pour la Bentley Brooklands, d'autres pièces furent optimisées et le moteur fut recalibré, de sorte que la puissance et le couple de ce moteur assemblé à la main accouplé à une transmission automatique six vitesses étaient intensifiés.

BENTLEY BROOKLANDS 2007

MOTEUR : V8 de 6 751 cm³

PUISSANCE MAXIMALE : 530 ch à 4 000 tr/min

COUPLE MAXIMAL : 1 050 Nm à 3 200 tr/min

VITESSE MAXIMALE : 296 km/h

ACCÉLÉRATION 0-100 KM/H : 5,3 s

TRANSMISSION : automatique 6 vitesses

LONGUEUR : 5,411 m

LARGEUR : 2,078 m

HAUTEUR : 1,473 m

EMPATTEMENT : 3,116 m

DATE DE PRODUCTION : 2007

FREINS : à disque (AV et AR)

SUSPENSION : à double triangulation (AV et AR)

JANTES : alliage, 20 pouces

PNEUS : 255/40 ZR-20 (AV et AR)

Chaque Brooklands coupé est assemblé à la main avec des techniques traditionnelles de fabrication de bus et au savoir-faire en vernis de bois et fabrication du cuir qui fait la réputation de Bentley depuis bien longtemps. Par exemple, la ligne sur laquelle sont le toit et l'aileron arrière est soudée à la main et Bentley insiste sur le fait qu'il n'y a qu'ainsi que le joint est imperceptible. La Brooklands coûte 277 500 euros et, comme si cela ne suffisait pas à en garantir la rareté, elle ne sera produite qu'à 550 unités.

L'objectif que poursuivait Bentley en produisant la Brooklands était d'offrir des « performances exaltantes, faciles et accessibles aux passionnés de conduite ». La marque a atteint cet objectif même si les données chiffrées ne montrent pas qu'il s'agit de la meilleure voiture qui soit en termes de performances. Par exemple, la voiture fait le 0-100 km/h en 5 s – respectable mais plus suffisant pour en faire un supercar. De même, la vitesse maximale de 296 km/h est rapide mais est loin de faire de la Brooklands la voiture disponible la plus rapide.

Cependant, aucune autre voiture n'offre un confort aussi somptueux et une telle explosion de puissance permise par le fait que, lors d'une forte accélération, le capot de la Brooklands se soulève. Il est intéressant de voir que malgré son poids (2,6 t) la voiture prend les virages tout en douceur. Heureusement, la Brooklands s'arrête extrêmement facilement grâce à ses imposants freins en carbone fixés sur les roues 20 pouces.

La Bentley Brooklands est un fantastique tour de force, chose que les clients potentiels ont bien remarquée. En effet, des 550 voitures que l'entreprise avait prévu de fabriquer, 500 étaient vendues avant que la première ne soit arrivée à la ligne d'assemblage.

Bentley R-Type Continental

L'une des particularités de la Bentley R-Type Continental de 1953 était le fait que, à l'époque de son lancement, elle était de loin la voiture la plus chère du monde. Plus important encore, c'était aussi l'une des voitures les plus élégantes, belles et convoitées. Après la Seconde Guerre mondiale, Bentley avait vraiment besoin d'un modèle phare qui remettrait la marque sur les rails. Bentley avait été rachetée par Rolls-Royce en 1931 et depuis lors, les modèles de Bentley ressemblaient à des Rolls-Royce. Ils étaient, certes, légèrement plus sportifs que la plupart des Rolls mais ils ne purent jamais briller car cela aurait nui à Rolls-Royce, qui se présentait comme la meilleure marque de voiture du monde.

En 1952, la Bentley R-Type fut lancée pour remplacer l'ancienne Mark VI. Dotée d'un moteur de 4 566 cm^3, six cylindres en ligne, la berline R-Type était spacieuse, luxueuse et relativement rapide. Le 0-100 km/h en 13,25 s semble dépassé comparé à ce que

BENTLEY R-TYPE CONTINENTAL 1952
MOTEUR : 4 566 cm³, six cylindres en ligne
PUISSANCE MAXIMALE : 150 ch à 4 500 tr/min (estimation)
COUPLE MAXIMAL : non communiqué
VITESSE MAXIMALE : 164 km/h
ACCÉLÉRATION 0-100 KM/H : 13,25 s
TRANSMISSION : manuelle 4 vitesses
LONGUEUR : 5,067 m
LARGEUR : 1,778 m
HAUTEUR : 1,676 m
EMPATTEMENT : 3,048 m
DATE DE PRODUCTION : 1952-1955
FREINS : hydraulique (AV), mécanique (AR)
SUSPENSION : indépendante (AV), semi-elliptique (AR)
JANTES : acier, 16 pouces
PNEUS : 6,5 x 16 radial

que celle de la berline et plus aérodynamique. Les performances de la Continental étaient donc bien meilleures que celles de la berline. Lors du lancement de la voiture, Bentley décida de ne pas révéler la puissance de son moteur afin de laisser la performance convaincre les indécis. Or, les 185 km/h qu'atteignait la Continental étaient précisément une performance impressionnante.

Les chanceux propriétaires d'une Continental appréciaient cette performance, loin de se faire au détriment du style. L'habitacle était recouvert de cuir, de bois et d'épais tapis, tous d'excellente qualité, comme toujours dans une Bentley.

À cause de son prix élevé, la R-Type Continental n'était pas destinée à être vendue à grande échelle. Dans les années 1950, les voitures standards, telles que la Morris Minor, ne coûtaient que 700 euros, soit 12 fois moins qu'une Continental. Hormis de cela, le carrossier Mulliner n'aurait pas pu produire la voiture en grande quantité. Ainsi, sur les 2 320 R-Type Bentley produites, seules 200 étaient des Continental.

La R-Type marqua la renaissance de Bentley. Pour la première fois depuis le rachat de l'entreprise par Rolls-Royce, une Bentley n'était pas une sorte de « sous-version » du principal produit du groupe. Bentley était alors redevenue une véritable alternative à Rolls-Royce.

font les voitures d'aujourd'hui, mais le fait que la voiture atteignait les 164 km/h était tout à fait respectable.

Si la berline était très chère à cette époque (5 250 euros), ce n'était rien par rapport au coût d'une version spéciale à deux portes produite par H. J. Mulliner, la R-Type Continental, qui ne coûtait pas moins de 9 000 euros. Pour cette voiture, Bentley utilisa pour la première fois la dénomination « Continental ». La marque réutilisa ensuite ce qualificatif pour une longue gamme de nombreux grand tourisme très rapides qui continue à s'étendre aujourd'hui.

La R-Type Continental avait le même moteur que la berline mais aussi que la Rolls-Royce Silver Dawn, dont la R-Type était inspirée. Mais sur la Continental, le rapport de compression était plus important, les carburateurs étaient plus gros, les collecteur d'admission et pot d'échappement étaient modifiés et une boîte de vitesses manuelle remplaçait la boîte automatique pour une meilleure accélération. Enfin, une dernière vitesse avait été ajoutée pour rendre plus confortable la conduite à grande vitesse.

Quant à la carrosserie que Mulliner avait créée, elle avait vraiment quelque chose de spécial. Alors que l'avant de la voiture était relativement conventionnel, l'arrière en pente était unique à l'époque. Il s'agissait de la première voiture à avoir le haut du toit, la lunette arrière, le coffre et le pare-chocs parfaitement alignés sur un seul plan.

Mais la carrosserie sensuelle et radicale n'était pas seulement fabuleuse du point de vue du style. Elle était aussi plus légère

BMW Z8

Nombreux sont ceux qui considèrent que la BMW 507 Roadster de 1956 est l'une des plus belles voitures jamais produites. Sachant cela, les designers de BMW décidèrent d'en créer une version moderne, qui fut présentée comme concept car au Salon de l'automobile de Tokyo en 1997. La voiture fut très bien accueillie, à tel point qu'elle fut à nouveau présentée en 1998, au Salon de Detroit, où les réactions furent, une nouvelle fois, favorables. BMW décida alors de produire la voiture en série.

La voiture de série, la BMW Z8, vendue à partir de 2000, avait, à l'instar de la 507, un moteur en position avant, un long capot bas, un habitacle reculé, des surplombs fuselés et une ligne basse. Son style galbé était très différent des designs anguleux, populaires au début du nouveau millénaire. Impressionné, le concepteur de la 507 classique, le comte Albrecht Goertez, déclara même : « Si je devais dessiner la 507 aujourd'hui, je la ferais ressembler à la Z8. »

La Z8 avait un style rétro, mais la technologie qui se cachait sous ses formes sensuelles était de toute dernière génération. Son V8 de 4 941 cm3 développait 394 ch et actionnait les roues arrière *via* une transmission six vitesses. Son système de

BMW Z8 2000

MOTEUR : V8 de 4 941 cm³

PUISSANCE MAXIMALE : 394 ch à 6 600 tr/min

COUPLE MAXIMAL : 492 Nm à 3 800 tr/min

VITESSE MAXIMALE : 249 km/h

ACCÉLÉRATION 0-100 KM/H : 4,5 s

TRANSMISSION : manuelle 6 vitesses

LONGUEUR : 4,374 m

LARGEUR : 1,831 m

HAUTEUR : 1,318 m

EMPATTEMENT : 2,504 m

DATE DE PRODUCTION : 2000-2003

FREINS : à disque (AV et AR)

SUSPENSION : type MacPherson (AV), multibras (AR)

JANTES : alliage, 18 pouces

PNEUS : 245/45 ZR-18 (AV), 275/40 ZR-18 (AR)

---

associait vitesse et beauté, technologie moderne sophistiquée et élégance classique.

Construire la Z8 demanda une bonne logistique : les carrosseries étaient fabriquées et peintes dans une usine, les pare-chocs avant et arrière dans une autre. Le moteur et la transmission venaient d'une troisième usine BMW. L'assemblage était ensuite réalisé à Munich, où les voitures étaient montées par des artisans. Au total, il fallait compter dix fois plus de temps pour assembler une Z8 qu'une berline BMW classique.

En 2003, l'année de l'arrêt de la production de la Z8, une version Alpina plus rapide encore fut lancée. Au lieu de la boîte manuelle six vitesses standard, cette nouvelle voiture était équipée d'une transmission automatique cinq vitesses accouplée à une V8 4,8 l qui produisait moins de puissance (375 ch) mais plus de couple (519 Nm au lieu de 492 Nm) pour une conduite plus douce.

BMW n'eut aucun problème à vendre la Z8, malgré son prix de 94 000 euros, peut-être grâce au fait que la voiture bénéficia d'une publicité mondiale avant son lancement officiel lorsqu'elle fut aperçue dans *Le monde ne suffit pas*, le James Bond de 1999, avec Pierce Brosnan au volant.

suspension – MacPherson à l'avant et multibras à l'arrière – était inspiré de la berline M5, généralement considérée comme l'une des voitures les plus maniables du monde. Sans oublier que le moteur était assez à l'arrière du châssis pour assurer une répartition des poids de 50:50.

La carrosserie de la Z8, construite en aluminium léger, était fixée sur un châssis en aluminium à la fois léger et incroyablement rigide. Ainsi, la voiture avait d'extraordinaires performances : elle faisait le 0-100 km/h en 4,5 s et avait une vitesse limitée électroniquement de 250 km/h. La Z8 était aussi rapide que n'importe quelle Porsche ou Ferrari mais était, à plusieurs égards, beaucoup plus civilisée. Par exemple, elle avait une distribution variable contrôlée électroniquement, ce qui en faisait une voiture aussi maniable à basse vitesse que toute berline BMW.

La Z8, une vraie décapotable, était livrée avec une capote souple, même si chaque acquéreur se voyait aussi offrir en plus un hard-top de la même couleur que la carrosserie. L'habitacle était particulièrement luxueux et confortable. Toutes les voitures étaient équipées de vitres électriques, d'un régulateur de vitesse, d'un système de navigation ainsi que d'un système de chauffage/climatisation. Ainsi, même si du point de vue de la performance, la Z8 se rapprochait d'un supercar, elle pouvait être utilisée au quotidien. Cette voiture

Bugatti EB 16/4 Veyron

De nombreuses choses extravagantes se produisent lors des salons automobiles mais aucune ne fut aussi radicale que la déclaration faite par Ferdinand Piech au Salon de l'automobile de Francfort en 1999. Planté devant la Bugatti 18/4 Veyron, un concept car, le président du Groupe Volkswagen (désormais propriétaire de Bugatti), déclara que cette voiture serait produite en série avant 2000. Il annonça également qu'elle aurait 1 000 ch, ce qui en ferait la voiture de série la plus puissante jamais produite. Et, pour donner un ordre d'idée, il assura ceux qui l'écoutaient qu'il s'agirait de la voiture la plus rapide et la plus chère du marché.

La voiture, finalement produite en 2005, était très similaire au concept car, même si entre 1999 et 2005, le moteur W18 avec trois soupapes de six cylindres avait été remplacé par un W16 avec quatre soupapes de quatre cylindres. Pour que la puissance atteigne la barre symbolique des 1 000 ch, quatre turbocompresseurs furent installés.

La Veyron était un joyau d'ingénierie même si son arrivée tardive, cinq ans après la date promise par Piech, fut liée à des difficultés de refroidissement, d'aérodynamique et de pneumatiques. En effet, pour que l'aérodynamique soit bonne, l'air devait glisser facilement mais pour que l'air refroidisse le moteur, des conduits devaient être installés ; or, ces conduits accroissaient la résistance et ralentissaient la voiture. La solution – pour donner un exemple des obstacles qui durent être surmontés – était de doter la Veyron de dix radiateurs différents, trois pour le moteur, deux pour la climatisation et cinq pour l'intercooler, l'huile de moteur, l'huile de transmission, l'huile de différentiel et l'huile hydraulique. Du côté des pneus, le problème était qu'ils n'étaient pas assez résistants pour supporter le poids de la Veyron à des vitesses allant jusqu'à 402 km/h. La solution fut trouvée grâce à Michelin, qui créa des pneus Pilot Sport spécialement pour la Veyron. Finalement, tout ce travail paya et un prototype pré-production entra en phase de test et atteignit 407 km/h.

Cette vitesse fut atteinte non seulement grâce à l'extraordinaire puissance du moteur mais aussi grâce au fait qu'à grande vitesse, c'est-à-dire au-delà de 220 km/h, la voiture devient vivante – un aérofrein ajustable se lève, un clapet de diffusion accroît la portance négative et, ainsi, la stabilité, et les amortisseurs hydrauliques abaissent la voiture pour abaisser la garde au sol. Mais pour parvenir à de très grandes vitesses, le conducteur doit utiliser une clé spéciale pour mettre la voiture en mode « Topspeed ». Cela permet de réduire encore la garde au sol, qui passe des 125 mm standards à seulement 65 mm, et entraîne la fermeture du spoiler et des clapets de diffusion pour réduire la résistance aérodynamique.

La Veyron avait donc satisfait Piech, en ce qu'elle était la voiture la plus rapide du monde – son 0-100 km/h fut

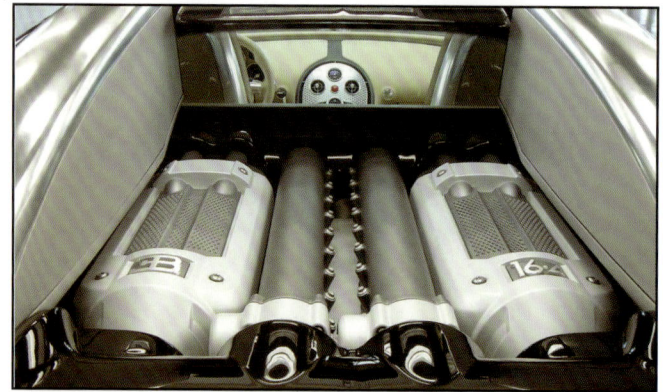

enregistré en 2,5 s – et qu'elle développait 1 001 ch, au-delà du seuil visé de 1 000 ch. Il ne restait plus à Bugatti qu'à annoncer le prix. Une fois encore, la promesse avait été tenue : la voiture était vendue au prix de 1 000 000 euros.

En fait, presque toutes les caractéristiques de la Veyron sont extrêmes. Le freinage est assuré par des freins ventilés et des rotors en titane et lorsque la voiture doit s'arrêter brusquement, l'aileron arrière se déploie pour accroître la force de freinage. La voiture, à traction intégrale, est dotée d'une transmission sept vitesses, qui peut être réglée en mode manuel ou automatique. La carrosserie, en aluminium, est fixée sur un châssis monocoque en fibre de carbone lui-même monté sur un sous-châssis en aluminium à l'avant et un sous-châssis en acier inoxydable à l'arrière.

La Bugatti Veyron est une voiture vraiment unique. Il n'existe rien de tel dans le monde et il est difficile d'imaginer qu'une voiture aussi extraordinaire sera à nouveau produite un jour.

BUGATTI EB 16/4 VEYRON 2006

MOTEUR : W16 de 7 993 cm³

PUISSANCE MAXIMALE : 1 001 ch à 6 000 tr/min

COUPLE MAXIMAL : 1 250 Nm à 3 300 tr/min

VITESSE MAXIMALE : 407 km/h

ACCÉLÉRATION 0-100 KM/H : 2,5 s

TRANSMISSION : semi-automatique 7 vitesses

LONGUEUR : 4,463 m

LARGEUR : 1,999 m

HAUTEUR : 1,212 m

EMPATTEMENT : 2,710 m

DATE DE PRODUCTION : depuis 2006

FREINS : à disque (AV et AR)

SUSPENSION : bras de contrôle (AV et AR)

JANTES : alliage, 20 pouces (AV), 21 pouces (AR)

PNEUS : 265/680 ZR500A (AV), 365/710 ZR540A (AR)

Bugatti EB110 SS

En 1987, lorsqu'il racheta Bugatti, l'une des marques les plus célèbres de l'industrie automobile, l'homme d'affaires italien Romano Artioli fit part de ses projets, notamment celui de produire le supercar la plus sophistiqué qui ait jamais été conçu. Artioli embaucha Marcello Gandini, qui avait dessiné la Lamborghini Countach, et Mauro Forghieri, l'un des plus célèbres ingénieurs dans le domaine, pour diriger l'équipe de développement.

Ces deux hommes créèrent une voiture équipée d'un V12 de 3 449 cm³ doté de 13 soupapes et quatre turbocompresseurs, en position avant, développant 560 ch. La Bugatti EB110, qui faisait le 0-100 km/h en 5,5 s et atteignait les 343 km/h, était ainsi digne de porter le nom Bugatti. D'ailleurs, la voiture fut baptisée EB110 en hommage à Ettore Bugatti – ses initiales et le nombre d'années depuis sa naissance.

La nouvelle voiture avait un châssis monocoque en fibre de carbone de l'entreprise aéronautique française Aérospatiale, qui avait acquis une bonne connaissance de la fibre de carbone en développant ses fusées. Cela différenciait la EB110 de toutes les voitures qui la précédaient. La carrosserie en aluminium était soudée au monocoque et, chose rare, elle intégrait un panneau en verre qui permettait au propriétaire de regarder le moteur fait sur mesure de sa voiture. Des portes en ciseaux s'ouvrant vers l'avant assuraient le spectacle à chaque fois que la voiture était

BUGATTI EB110 SS 1992
MOTEUR : 3 498 cm³ V12
PUISSANCE MAXIMALE : 603 ch à 8 000 tr/min
COUPLE MAXIMAL : 637 Nm à 4 200 tr/min
VITESSE MAXIMALE : 349 km/h
ACCÉLÉRATION 0-100 KM/H : 3,2 s
TRANSMISSION : manuelle 6 vitesses
LONGUEUR : 4,4 m
LARGEUR : 1,94 m
HAUTEUR : 1,125 m
EMPATTEMENT : 2,55 m
DATE DE PRODUCTION : 1992-1995
FREINS : à disque (AV et AR)
SUSPENSION : à double triangulation (AV et AR)
JANTES : alliage, 18 pouces
PNEUS : 245/40 ZR-18 (AV), 325/30 ZR-18 (AR)

garée tandis que sur la route, la vue que la plupart des gens avaient était celle de l'arrière de la voiture, avec ses ailerons arrière sensibles à la vitesse. Pour que la puissance soit transmise à la route de façon régulière, l'EB110 était équipée d'un système de transmission intégrale qui répartissait 27 % de la puissance à l'avant et 73 % à l'arrière. Le freinage, très efficace, était assuré par des freins Brembo et d'énormes pneumatiques fabriqués spécialement par Michelin. La compagnie pétrolière française Elf fournissait aux propriétaires de l'EB110 un lubrifiant biologique unique qui avait été développé pour l'équipe Benetton F1.

L'EB110 fut lancée en 1991 ; dès l'année suivante, elle fut améliorée et devint l'EB110 SS (Supersport), qui fut vendue à un prix de 330 000 euros. Cette voiture, plus légère, était encore plus puissante (jusqu'à 603 ch). La vitesse maximale était ainsi légèrement plus élevée – 349 km/h – et le 0-100 km/h se faisait beaucoup plus rapidement grâce à la boîte six vitesses : il ne fallait que 3,2 s pour faire le 0-100 km/h. La Supersport avait le même système de transmission intégrale que l'EB110 mais le capot en aluminium, le berceau-moteur et le soubassement venturi furent remplacés par des panneaux en fibre de carbone plus légers, les roues en alliage d'aluminium furent abandonnées au profit de roues en magnésium et l'aileron arrière, jusque-là détachable, fut fixé de façon définitive. La puissance avait été stimulée grâce à l'installation de gros injecteurs et d'un système de contrôle électronique amélioré mais aussi par le retrait de deux pots catalytiques réduisant l'énergie. Sur la route, l'EB110 SS était encore plus extrême que l'EB110. Elle était même tellement extraordinaire que le champion de Formule 1 Michael Schumacher s'en acheta une et la garda de nombreuses années, même après être devenu pilote pour Ferrari.

Malheureusement, le rêve d'Artioli ne dura pas longtemps. Il fit des folies en développant une EB112 quatre portes et en achetant l'entreprise britannique Lotus. Il fit faillite en 1995, ce qui le contraignit à l'arrêt de la production de la puissante EB110 alors que seuls 139 exemplaires avaient été construits. Le Groupe Volkswagen acheta les droits de la marque Bugatti à la fin des années 1990 mais la EB110 originale est l'un des supercars les plus rares et élégants jamais construits.

Bugatti Type 35

Alors qu'il n'avait que 19 ans, Ettore Bugatti dessina sa toute première voiture, avec laquelle il remporta une médaille d'or à la foire de Milan en 1901. Au début du XXe siècle, il construisit plusieurs autres modèles, mais il ne se fit connaître qu'après la Première Guerre mondiale.

Il perça réellement en 1921, lorsque cinq Bugatti participèrent au Voiturette Grand Prix de Brescia et arrachèrent les quatre premières places. Dans les années qui suivirent, alors qu'il commençait à être connu comme le meilleur constructeur de voitures de course en Europe, des équipes privées lui achetèrent des voitures. Malheureusement, la période de succès ne dura pas très longtemps : Fiat et d'autres constructeurs présentèrent leurs propres voitures et les Bugatti furent alors dépassées.

Ettore Bugatti créa alors des voitures qui firent de lui une légende et sa marque un leader mondial. Pour remplacer ses Type 30 et Type 32, il dessina la Type 35, pour laquelle il développa le moteur 2 l huit cylindres en lignes qui avait été utilisé auparavant en installant cinq vitesses au lieu de trois. Cela permettait de pousser le moteur à 6 000 tr/min et de l'aléser à 95 ch. Cela n'aurait pas dû suffire à rendre la voiture vraiment compétitive sur une piste mais Bugatti avait créé une voiture très légère, agile et belle. La Type 35 était également particulièrement sûre, ce qui était une qualité peu commune parmi les premières voitures de course.

La Type 35 était équipée d'une boîte quatre vitesses. La suspension était simple, à ressorts, à l'avant et à l'arrière mais la voiture avait d'autres caractéristiques innovantes, notamment les freins à tambour actionnés par un câble et un faux essieu à l'avant pour réduire le poids sans ressort et améliorer la maniabilité. La Type 35 était aussi équipée de jantes en alliage innovantes auxquelles étaient fixés les freins à tambour, de sorte que lorsque la jante était retirée, les freins l'étaient aussi. La voiture avait une élégante carrosserie en aluminium surmontée d'un radiateur en fer à cheval à l'avant – premier exemple de ce qui fait aujourd'hui la marque de fabrique de Bugatti.

La Type 35 fut présentée au Grand Prix de Lyon en 1924, où des problèmes de pneus obligèrent l'équipe à retirer la voiture. Au Grand Prix suivant, celui de Saint-Sébastien, des pneumatiques plus larges furent montés, ce qui permit à la voiture de prendre la deuxième place. À partir de là, la Type 35 fut imbattable, puisqu'elle remporta plus de 2 000 courses dans les cinq années qui suivirent.

Au fil du temps, Bugatti dut continuer à développer la Type 35 pour qu'elle reste compétitive, mais aussi créer

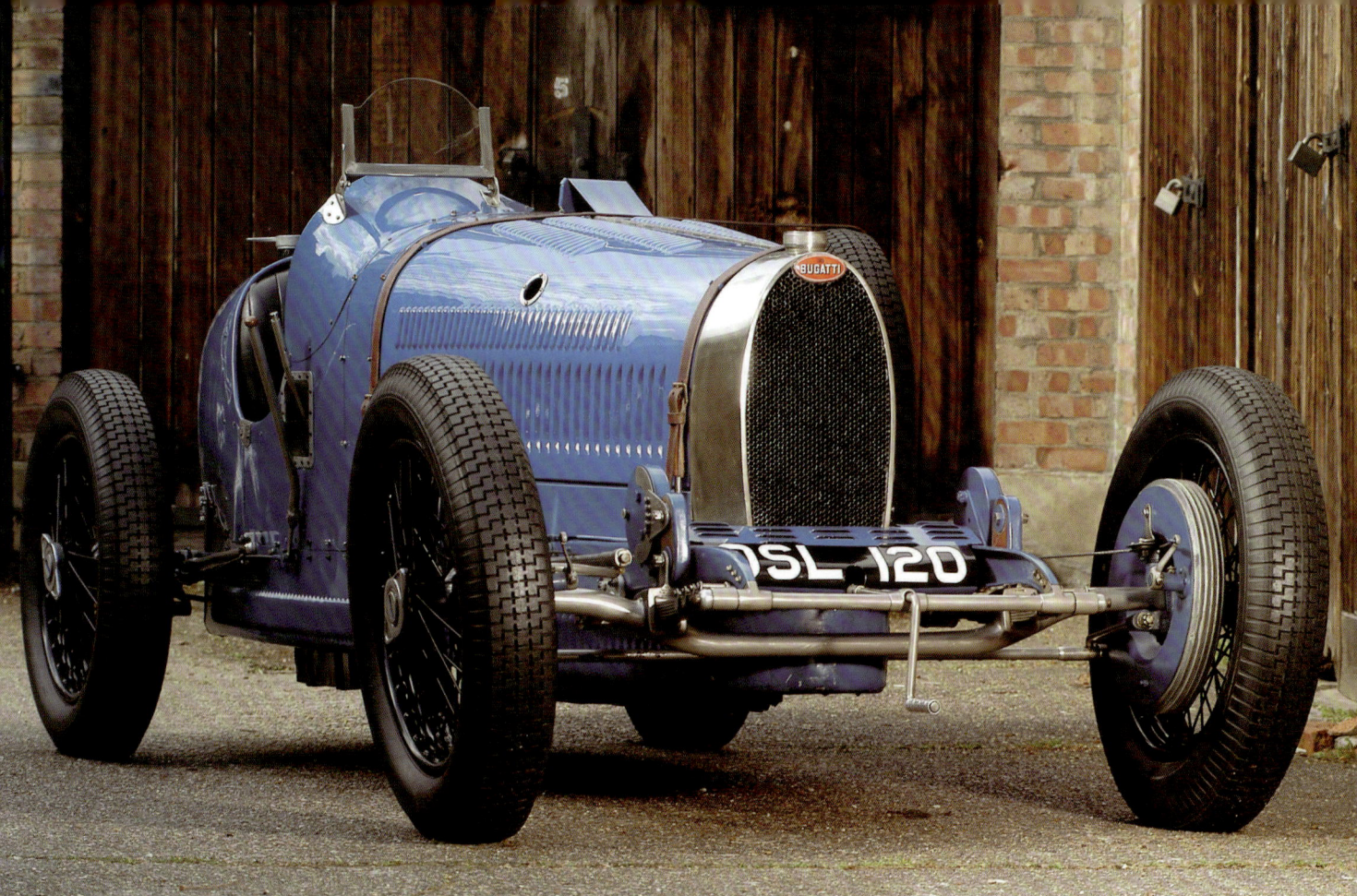

des variantes de la Type 35. La 35A, lancée en 1925, fut la première d'entre elles. Elle n'avait pas été conçue pour la course et avait donc un moteur simplifié qui ne nécessitait pas trop d'opérations de maintenance. Puis, en 1926, fut présentée la 35C qui, dotée d'un compresseur volumétrique, développait 128 ch et permit à Bugatti de rester sur le devant de la scène. La 35T, un modèle spécial destiné à participer au Targa Florio, fut lancée la même année. Sa capacité était de 2,3 l, de sorte qu'elle ne pouvait pas participer aux Grands Prix où la capacité devait être inférieure ou égale à 2 l. Néanmoins, lorsque le règlement changea, Bugatti introduisit la Type 35 la plus puissante de toutes, la 35B. Elle avait le même moteur 2,3 l que la 35T mais était équipée d'un compresseur volumétrique grâce auquel elle développait 138 ch.

Au total, environ 340 Bugatti furent construites entre 1924 et 1929. La Type 35 fit la réputation de Bugatti ; elle fut aussi la meilleure voiture de course de tous les temps, non seulement par le nombre de victoires – 2 000 victoires constituent un palmarès impressionnant – mais aussi par la diversité des courses auxquelles elle a participé, des Grands Prix au sprint en passant par la course de côtes.

BUGATTI TYPE 35 1924

MOTEUR : 1 991 cm³, huit cylindres en ligne
PUISSANCE MAXIMALE : 95 ch à 6 000 tr/min
COUPLE MAXIMAL : non communiqué
VITESSE MAXIMALE : 190 km/h
ACCÉLÉRATION 0-100 KM/H : non communiqué
TRANSMISSION : manuelle 4 vitesses
LONGUEUR : 3,7 m
LARGEUR : 1,32 m
HAUTEUR : 0,985 m
EMPATTEMENT : 2,4 m
DATE DE PRODUCTION : 1924-1929
FREINS : à tambour (AV et AR)
SUSPENSION : à essieu rigide (AV), à pont-moteur (AR)
JANTES : alliage
PNEUS : 27 x 4, 40 (AV et AR)

Cadillac Eldorado Cabriolet

Eldorado est la cité d'or mythique qui attira des milliers de marins et explorateurs à accoster en Amérique du Sud en quête de trésors. Mais Eldorado est aussi le nom du modèle de Cadillac qui, plus que tout autre, représente les espoirs de la fin des années 1950. La toute première Cadillac Eldorado était un concept car présenté dans la salle de bal d'un hôtel rupin de New York dans le cadre du Motorama Show, événement annuel au cours duquel les marques du groupe GM exposaient leurs modèles et idées pour l'avenir. Organisé pour la première fois en 1949, Motorama était le premier grand salon d'automobile des États-Unis.

L'Eldorado était un énorme cabriolet de 5,61 m de longueur et de 2 m de largeur seulement disponible en quatre couleurs, à savoir rouge, blanc, jaune et bleu, et avec une capote blanche ou noire. Son moteur était le V8 de 5,424 cm³ de GM et développait la puissance relativement modeste de 210 ch.

Bien que présentée comme un concept car, l'Eldorado de 1953 était disponible à la vente – seulement bien sûr pour ceux dont le porte-monnaie leur permettait de s'acquitter de son prix élevé. Vendu 6 350 euros, ce modèle était de loin le plus cher de Cadillac à l'époque. Néanmoins, plus de 500 furent écoulés et l'Eldorado devint une voiture tendance, toujours dans le haut du tableau en termes de prix mais légèrement plus abordable et moins opulente que les premières voitures présentées au Motorama.

Dans les années 1950, la Cadillac Eldorado fut modifiée et améliorée, mais ce sont ces extravagants ailerons qui la rendirent mythique. Utilisés pour la première fois sur l'Eldorado Brougham Town Car de 1955, ils devinrent de plus en plus grands, hauts et extrêmes.

Ainsi, lorsque la Cadillac Eldorado de 1959, avec un plus moteur plus gros et plus puissant, fut lancée, la Caddy vedette devint le symbole d'une nouvelle ère.

Sous le massif capot se trouvait un moteur V8 de 6 396 cm³ développant une puissance de 345 ch et permettant d'atteindre 183 km/h malgré le volume et les 2 268 kg de la voiture. Le moteur était accouplé à une boîte automatique Hydramatic à trois vitesses qui transmettait la puissance aux roues arrière *via* un ratio de l'essieu arrière de 2,94:1.

Cette voiture était conçue pour être confortable et parcourir de longues distances plus que pour la performance pure et dure. Même si elle était aussi disponible en version coupé, seule la version cabriolet représente l'aire classique du rock-and-roll et des restaurants et films « *drive-in* ».

À cause de ses ailerons arrière protubérants, de ses surfaces chromées, de ses phares de quad et de son aspect bulbeux, la Cadillac Eldorado ne pouvait pas être décrite comme une voiture jolie, élégante ou sophistiquée. Elle n'était pas non plus remarquable sur le plan mécanique puisque, en 1959, son moteur à trois carburateurs était déjà disponible en option sur les autres Cadillac de la gamme alors que, jusque-là, les autres Cadillac devaient se contenter d'un moteur à un seul carburateur moins puissant.

Pourtant, l'Eldorado de 1959 a peu à peu acquis un statut d'icône. Seuls 1 320 cabriolets et 975 coupés de ce célèbre furent fabriqués et vendus au prix d'usine de 6 000 euros – bien en dessous du prix du modèle original de 1953. Parmi les nouveautés, on comptait des suspensions à air, des fenêtres électriques et la climatisation, proposée en option payante.

Aujourd'hui, aux enchères, les meilleures Cadillac Eldorado sont adjugées à environ 180 000 euros, signe que le monstre à ailerons reste l'un des symboles les plus forts d'une période d'extravagance et d'excès. Le véhicule n'était peut-être pas beau, il était même sûrement de mauvais goût, mais il était sans aucun doute flamboyant. Or, c'est exactement ce que le public voulait et ce qui fait encore battre plus fort le cœur des passionnés.

CADILLAC ELDORADO CABRIOLET 1959

MOTEUR : V8 de 6 396 cm^3

PUISSANCE MAXIMALE : 345 ch à 4 800 tr/min

COUPLE MAXIMAL : 590 Nm à 3 400 tr/min

VITESSE MAXIMALE : 193 km/h

ACCÉLÉRATION 0-100 KM/H : 11 s

TRANSMISSION : automatique trois vitesses

LONGUEUR : 5,61 m

LARGEUR : 2,04 m

HAUTEUR : 1,382 m

EMPATTEMENT : 3,302 m

DATE DE PRODUCTION : 1959-1960

FREINS : à tambour (AV et AR)

SUSPENSION : à air (AV et AR)

JANTES : alliage, 15 pouces

PNEUS : 8,20 x 15 (AV et AR)

Chevrolet Camaro Z28

En 1967, Chevrolet décida de concevoir une voiture compétitive qui pourrait contrer la Ford Mustang, maintes fois victorieuse en Trans-Am Series. Pour être homologuée, la voiture devrait être basée sur un véhicule de série vendu à 1 000 exemplaires au moins ; son moteur devrait être limité à 503 pouces cubes. Chevrolet disposait déjà de moteurs V8 de 5 359 cm³ et de 4 638 cm³. En ajoutant un vilebrequin de 283 pouces cubes dans le moteur de 5 359 cm³, elle créa une unité de 4 949 cm³, donc conforme au règlement de la Trans-Am. Mais pour compenser la perte de puissance liée à la réduction de la capacité, Chevrolet installa un carburateur 4 corps Holley, un collecteur d'admission bien réglé et un arbre à cames modifié, puis fit d'autres modifications pour doter le nouveau moteur d'une puissance officielle de 290 ch à 5 800 tr/min et d'un couple de 393 Nm à 4 200 tr/min. En réalité, le moteur était considérablement plus puissant puisqu'il pouvait approcher les 400 ch, selon les réglages du collecteur d'admission et de l'échappement.

La Camaro, un nouveau modèle qui, à l'instar de la Pontiac Firebird, était équipée du châssis F-Body de GM, fut choisie comme modèle de production. Bizarrement, Chevrolet ne fit jamais de publicité pour celle qui devint célèbre sous le nom de Z28. Ceux qui la connaissaient devaient se rendre chez un concessionnaire et commander une Camaro avant de préciser qu'ils souhaitaient le pack Z28 parmi une longue liste d'options. Ce pack faisait d'une voiture plutôt ordinaire l'une des voitures les plus puissantes des années 1960. Il permettait de doter sa voiture non seulement d'un moteur de 4 949 cm³ mais aussi de pneus plus larges, de jantes alliages de Corvette, de freins à disque, d'une direction plus efficace, de meilleurs radiateurs et de ce qu'on appelait le pack de suspension F-41 – des ressorts plus fermes et une meilleure absorption des chocs. Quant à la transmission, c'était la même pour toutes les voitures, une boîte manuelle Muncie à quatre vitesses.

Le prix total du pack Z28 était de 2 400 euros, soit seulement 400 euros de plus que la Camaro de base à six cylindres. Malgré

la différence de prix, la Z28 n'était pas livrée avec un badge permettant de l'identifier (les badges ne furent créés qu'en 1968) ; seules des bandes sur le capot et le coffre étaient ajoutées. Un becquet était néanmoins disponible pour ceux qui voulaient être remarqués. Un autre pack populaire était le pack RS, qui se caractérisait par ses phares avant cachés et ses phares arrière modifiés. Alors que la Camaro était disponible en version coupé et en version cabriolet, la Camaro Z28 ne fut produite qu'en version coupé. Malgré le peu de publicité fait autour du pack Z28, 602 des 220 000 Camaro vendues en 1967 étaient des modèles

de la dernière grosse cylindrée américaine. Chevrolet réussit à contourner l'obligation d'homologuer 1 000 voitures pour pouvoir participer à la Trans-Am en homologuant les Camaro 350 pouces cubes dans le Groupe 1 de la Fia puis en enregistrant le véhicule de base avec les options Z28 dans le Groupe 2.

L'année suivante, certains changements furent apportés. Ainsi, les Z28 d'alors sont reconnaissables à leur capot « cowl induction ». Peu à peu, de plus en plus de personnes entendirent parler du pack Z28 si bien que 7 199 d'entre eux furent vendus en 1968 et 20 302 en 1969. Étonnamment, GM appliqua les mêmes conditions de garantie aux Z28 qu'à toutes les autres voitures de la gamme Camaro, à savoir deux ans et 40 000 km pour la voiture dans son ensemble et cinq ans et 80 000 km pour la transmission.

Sur la scène de la Trans-Am, la Camaro rencontra un succès presque immédiat. GM ne disposait pas d'une équipe de course officielle, de sorte qu'elle dut faire appel à l'équipe semi-officielle de Roger Penske. Avec l'équipe de Penske, Mark Donohue remporta le titre en 1968 et 1969, ce qui stimula les ventes de la Camaro dans l'ensemble des États-Unis.

CHEVROLET CAMARO Z28 1967

MOTEUR : V8 de 4 958 cm³
PUISSANCE MAXIMALE : 290 ch à 5 800 tr/min
COUPLE MAXIMAL : 393 Nm à 4 200 tr/min
VITESSE MAXIMALE : 241 km/h
ACCÉLÉRATION 0-100 KM/H : 7,2 s
TRANSMISSION : manuelle quatre vitesses
LONGUEUR : 4,7 m
LARGEUR : 1,84 m
HAUTEUR : 1,3 m
EMPATTEMENT : 2,746 m
DATE DE PRODUCTION : 1967-1969
FREINS : à disque (AV), à tambour (AR)
SUSPENSION : en A indépendant (AV), ressort à lames semi-elliptique (AR)
JANTES : acier, 14 pouces
PNEUS : 7,35 x 14 (AV et AR)

Chevrolet Corvette Sting Ray

La première Chevrolet Corvette fut lancée en 1953 et, au fil des ans, l'association du style et de la puissance en firent un véhicule de General Motors très populaire ainsi qu'une voiture très rentable pour l'entreprise.

Dix ans après ses débuts, néanmoins, il sembla évident que la Corvette devait être revue. En 1962, même si elle ne manquait en aucun cas de puissance, elle avait du mal à s'imposer face à une nouvelle génération de voitures de sport européennes, dont le châssis et les suspensions étaient plus sophistiqués et qui avaient donc de bien meilleures tenue de route et résistance que la Corvette.

GM était déjà prêt à répondre : en 1961, le directeur de la conception du groupe, Bill Mitchell, avait créé un concept car, appelé Mako Shark (« requin »), qui correspondait à son idée de ce vers quoi Corvette devait aller. À l'instar d'un requin, cette voiture semblait agressive mais elle avait des lignes douces, élégantes et aérodynamiques.

Il s'agissait d'un coupé dont la lunette arrière, très bombée, était coupée en deux. Jusqu'à ce modèle, toutes les Corvette avaient été cabriolet, ce que n'était pas la Mako Shark, qui avait donc un grand potentiel du fait de cette singularité.

La Mako Shark fut adoptée comme la base d'une nouvelle génération de Corvette qui, pour reprendre le thème de l'océan, fut appelée Corvette Sting Ray (« raie pastenague »). Il est important de noter que la Sting Ray n'était pas une nouvelle carrosserie sur une structure mécanique ancienne. Au contraire, un nouveau châssis fut conçu : empattement réduit, suspension avant à bras supérieur et inférieur de tailles différentes et à ressort et suspension arrière complètement indépendante, consistant d'un bras de contrôle, d'un système d'absorption de chocs et de ressorts à lames semi-elliptiques, placée entre le différentiel arrière et chaque roue arrière.

Les acquéreurs pouvaient choisir entre quatre versions du V8 de 5 359 cm^3 qui avait été présentées l'année précédente. Le modèle de base développait 250 ch, tandis que, selon le carburateur, le moteur pouvait développer 300 ch voire 340 ch. La dernière option était celle d'une version à injection développant 360 ch ; cette version était bien plus onéreuse (400 euros de plus)

et devait être entretenue plus souvent. Elle développait sa puissance maximale à 6 000 tr/min et offrait un couple de 477 Nm à 4 000 tr/min, plus qu'assez pour permettre une accélération 0-100 km/h en 6,2 s et une vitesse maximale de 229 km/h.

Le moteur, quel qu'il fût, était accouplé à une boîte de vitesses manuelle à trois vitesses, manuelle à quatre vitesses Borg-Warner ou automatique trois vitesses Powerglide.

La Corvette Sting Ray rencontra un succès immédiat : plus de 21 000 unités furent vendues en 1963 avec un prix de base de 3 500 euros pour le coupé. À plusieurs égards, il s'agissait de l'une des voitures les plus avancées sur le marché américain de l'époque. En effet, c'était la première à avoir une carrosserie en fibre de verre, son moteur V8 offrait de très hauts niveaux de performance et, même si sa suspension indépendante n'était pas aussi sophistiquée que celle de la Jaguar E-Type, elle représentait un grand pas en avant.

La Sting Ray fut produite jusqu'en 1967, puis fut améliorée et développée chaque année. Par exemple, la lunette arrière en deux ne fut installée que sur les voitures produites une année, avant d'être remplacée par une lunette unique ; en 1965, les freins à disque furent adoptés et la voiture fut équipée d'un V8 de 396 pouces cubes « Big Block », avant que ce moteur ne soit remplacé en 1966 par un autre de 427 pouces cubes. La version 6 974 cm³ est l'une des plus collectionnables aujourd'hui.

La plus rare des Sting Ray est la L-88. Poussée à 6 997 cm³, elle développait 550 ch à 6 200 tr/min et disposait d'un couple maximal de 637 Nm à 5 200 tr/min. Seules 20 de ces bêtes allant jusqu'à 274 km/h furent vendues.

Cela dit, toutes les voitures de cette gamme étaient très convoitées. Il s'agissait en effet de splendides voitures de courses américaines.

CHEVROLET CORVETTE STING RAY 1963

MOTEUR : V8 de 5 359 cm³

PUISSANCE MAXIMALE : 360 ch à 6 000 tr/min

COUPLE MAXIMAL : 477 Nm à 4 000 tr/min

VITESSE MAXIMALE : 229 km/h

ACCÉLÉRATION 0-100 KM/H : 6,2 s

TRANSMISSION : manuelle à quatre vitesses

LONGUEUR : 4,453 m

LARGEUR : 1,768 m

HAUTEUR : 1,265 m

EMPATTEMENT : 2,489 m

DATE DE PRODUCTION : 1963-1967

FREINS : à tambour (AV et AR)

SUSPENSION : en A indépendant (AV), indépendante à bras tirés (AR)

JANTES : alliage, 15 pouces

PNEUS : 6,70 x 15 (AV et AR)

DeLorean DMC-12

La DeLorean DMC-12, conçue par Giorgio Giugiaro, était censée être le résultat d'importantes ressources allouées à l'ingénierie pour le développement. Elle devait être radicale et avant-gardiste sur le plan technique, et assez chère. En réalité, elle fut un coupé sport élégant mal développé, peu puissant, mal produit et en retard par rapport à la date de sortie prévue. La seule promesse qu'elle tint fut celle d'un prix élevé. Il n'est pas étonnant que *Time magazine* l'ait classée parmi les 50 voitures les pires de tous les temps. Le projet DeLorean avait pourtant suscité de grands espoirs. John Z. DeLorean, directeur vif, avait fait une brillante carrière à GM, où il avait développé la Pontiac GTO et la Firebird. Il avait persuadé le Gouvernement britannique de financer l'ouverture d'une nouvelle usine en Irlande du Nord et avait confié à Giugiaro la mission de concevoir une voiture inspirée de Tapiro, le concept car qu'il avait créé en 1970. Ce qui fit de cette deux places à ailes de mouette une voiture extraordinaire n'étaient pas seulement ses lignes aiguës, qui rappelaient la Lotus Esprit, mais aussi le fait que sa carrosserie était en acier inoxydable non peint. La voiture n'avait pas besoin d'être peinte et les petits accrocs et taches ne se voyaient pas.

La voiture s'appelait DMC-12, DMC pour DeLorean Motor Company et 12 pour son prix de vente de 12 000 dollars (9 750 euros) aux États-Unis, sa principale cible. La DMC-12 était équipée d'un moteur V6 de 2 849 cm^3 en alliage, moteur également utilisé par Peugeot, Renault et Volvo.

La transmission était disponible en manuelle cinq vitesses ou en automatique trois vitesses. DeLorean avait conçu une voiture

développant 200 ch mais le moteur qu'il avait choisi ne permettait de développer que 170 ch. Pire, les règles en matière d'émissions aux États-Unis obligèrent les concepteurs à limiter le moteur à 130 ch, une bien piètre performance : passer de 0 à 100 km/h prenait 11 s et la vitesse maximale était d'environ 177 km/h. Le manque de performance était d'autant plus décevant que la voiture avait un système de suspension sophistiqué tiré de la Lotus Esprit : à double triangulation à l'avant et multibras à l'arrière. Mais si les performances étaient loin d'être impressionnantes, le prix de la DMC-12 provoqua un choc. En effet, alors que le prix annoncé était de 9 750 euros, lorsque la voiture fut lancée sur le marché, trois ans en retard, elle le fut à un prix de 20 300 euros, voire de 20 800 euros pour la version automatique. Malgré tout, l'engouement pour la voiture était tel que de nombreux acheteurs payèrent 8 000 euros de plus pour s'offrir l'une des premières DMC-12 en 1981. Ils ne savaient pas que, fin 1982, DeLorean ferait faillite, que l'usine fermerait et que des milliers de voitures invendues abonderaient sur le marché à des prix bien inférieurs à ceux de lancement.

Le Gouvernement britannique avait prêté 100 millions d'euros au constructeur pour que la production de la voiture ait lieu près de Belfast, où le taux de chômage était élevé. Mais, craignant que la somme ait mal été gérée, il engagea une procédure de cessation de paiement en octobre 1982. Une semaine plus tôt, les agents fédéraux antistupéfiants avaient arrêté DeLorean dans un motel de Los Angeles, où il aurait été en train de conclure un contrat de vente de drogues. Il bénéficia d'un non-lieu, au motif qu'il avait été piégé, mais l'entreprise de voitures de DeLorean avait déjà sombré.

Les ennuis judiciaires de John DeLorean ne s'arrêtèrent pas là. Un jury d'accusation du Michigan enquêta sur les tenants et aboutissants de la disparition de 20 millions d'euros qui étaient, semble-t-il, sur des comptes en banque suisses. DeLorean fut acquitté par manque de preuve mais ne paya pas les 180 000 euros qu'il devait à ses avocats et ne retourna jamais dans le Michigan. Seules 8 853 voitures avaient été construites au moment où l'usine ferma, de sorte que ni la voiture ni l'entreprise ne bénéficièrent de la notoriété acquise par la DMC-12 grâce à son apparition dans les films *Retour vers le futur*.

DE LOREAN DMC-12 1981

MOTEUR : V6 de 2 849 cm³

PUISSANCE MAXIMALE : 130 ch à 5 500 tr/min

COUPLE MAXIMAL : 208 Nm à 2 750 tr/min

VITESSE MAXIMALE : 177 km/h

ACCÉLÉRATION 0-100 KM/H : 11 s

TRANSMISSION : manuelle à cinq vitesses ou automatique à trois vitesses

LONGUEUR : 4,267 m

LARGEUR : 1,99 m

HAUTEUR : 1,14 m

EMPATTEMENT : 2,408 m

DATE DE PRODUCTION : 1981-1982

FREINS : à disque (AV et AR)

SUSPENSION : indépendante à ressort (AV), indépendante à bras tirés (AR)

JANTES : alliage, 14 pouces (AV), 15 pouces (AR)

PNEUS : 195/60 HR-14 (AV), 235/60 HR-15 (AR)

Ferrari 246 GT Dino

À son lancement, au stand de Ferrari au Salon de l'automobile de Turin de 1968, la 206 GT Dino ne portait ni badge Ferrari ni le célèbre logo en forme de cheval cabré. Par ailleurs, elle n'était pas équipée du moteur douze cylindres qui avait fait la réputation de Ferrari puisqu'elle disposait d'un V6 de 2 l placé derrière le siège du conducteur. Pourtant, il s'agissait bel et bien d'une Ferrari ; elle porte même le nom du seul fils légitime d'Enzo Ferrari, mort tragiquement d'une maladie des reins à seulement 24 ans.
La 206 GT Dino, nouvelle, plus petite et plus légère que ses devancières, permit à l'entreprise de stimuler sa production puisqu'elle s'adressait à un plus large public sans pour autant gêner les puristes de Ferrari qui ne s'intéresseraient à aucun modèle n'ayant pas un V12 sous le capot.

En réalité, la Dino était l'un des modèles les plus importants de l'entreprise puisqu'il permit à Ferrari d'accroître ses volumes de production mais aussi de se rapprocher du gigantesque groupe Fiat, qui finirait par devenir actionnaire majoritaire du constructeur. Ferrari souhaitait concourir en Formule 1 mais les nouveaux règlements obligeaient les marques à produire au moins 500 unités du moteur V6 de 1,6 l ; Ferrari et Fiat conclurent un accord selon lequel Ferrari concevrait un moteur V6 et Fiat le produirait en quantité suffisante pour qu'il soit homologué pour la course, qu'il serve pour un nouveau modèle de petite Ferrari et que Fiat puisse créer sa propre voiture de sport, la Fiat Dino à moteur avant.

Les voitures de courses étaient équipées d'un moteur de 1,6 l, mais les premières Dino Ferrari de série, les 206 GT, étaient dotées d'un moteur de 2 l. Seules 150 de ces voitures furent fabriquées avant que le moteur ne soit remplacé par un 2,4 l et que la 246 GT classique ne commence à sortir des usines, en 1969. Ce nouveau modèle était différent de la 206 en ce qu'il avait un plus gros moteur, une carrosserie en acier et non en alliage, un empattement légèrement plus grand et un habitacle un peu plus luxueux.

Le moteur V6 de 2 418 cm³ à quadruple arbre à cames avec triple carburateur Weber était placé en position transversale derrière le siège du conducteur et accouplé à une transmission manuelle à quatre vitesses. La suspension était à double triangulation, ressorts et amortisseurs télescopiques. Développant 195 ch à 7 600 tr/min, la Dino était loin des performances des Ferrari à moteur V12 malgré son poids relativement faible – 1 270 kg – mais elle atteignait tout de même la vitesse très respectable de 235 km/h et faisait le 0-100 km/h en 7 s. Plus adapté, son châssis bien conçu permettait une conduite facile et une fluidité magnifique, grâce auxquelles elle pouvait aller plus vite que beaucoup d'autres voitures beaucoup moins puissantes.

Avec son aspect, la Dino faisait oublier les reproches que l'on aurait pu lui faire quant à ses performances. Il s'agissait de l'une des voitures les plus gracieuses, délicates et élégantes que Ferrari ait proposées ; ses proportions approchaient la perfection et un design arc-boutant bien pensé à l'arrière

FERRARI 246 GT DINO 19T68

MOTEUR : V6 de 2 418 cm³

PUISSANCE MAXIMALE : 195 ch à 7 600 tr/min

COUPLE MAXIMAL : 225,07 Nm à 5 500 tr/min

VITESSE MAXIMALE : 235 km/h

ACCÉLÉRATION 0-100 KM/H : 7,3 s

TRANSMISSION : manuelle à 5 vitesses

LONGUEUR : 4,343 m

LARGEUR : 1,702 m

HAUTEUR : 1,15 m

EMPATTEMENT : 2,34 m

DATE DE PRODUCTION : 1968-1974

FREINS : à disque (AV et AR)

SUSPENSION : en A inégal (AV et AR)

JANTES : alliage, 14 pouces

PNEUS : 205/70 VR-14 (AV et AR)

résolvait le problème de la position centrale du moteur. Le modèle, conçu par Pininfarina, était merveilleux de quelque angle qu'on le regardât et sa beauté intemporelle est ce qui fit de la 246 GT Dino l'une des Ferrari les plus mythiques.

La plupart des Dino vendues furent des GT, même si une version 246GTS Spyder, partiellement décapotable, fut présentée en 1972. Sur la totalité des 4 000 voitures produites, seules 1 275 étaient des Spyder. Il est intéressant de noter que le moteur V6 Dino continua à être produit pendant longtemps après l'arrêt de la production de la Dino, qui fut remplacée en 1974 par la 308 GT4 ; il fut notamment installé sur la Lancia Stratos, qui domina le Championnat du monde de rallye dans les années 1970.

Ferrari 250 GTO

À ses débuts, la mythique Ferrari GTO était la 250 GT conçue pour concourir au Championnat du monde des voitures de sport. La FIA avait déclaré que les grand tourisme qui participaient à la compétition devaient être des voitures de série – GTO est le sigle de Gran Turismo Omologato en italien. L'aérodynamique de la 250 GT l'empêchait de dépasser les 241 km/h malgré les 280 ch que son moteur V12 de 3 l développait. Ferrari conçut alors une voiture plus aérodynamique et la présenta comme une simple variante de la 250 GT pour éviter d'avoir à produire les 100 GTO que l'homologation requérait.

Le design était confié à Giotto Bizzarrini, qui concevrait plus tard son propre supercar. Il conçut une voiture angulaire avec un long museau ; l'air circulait ainsi beaucoup mieux sur la carrosserie sans faire chasser la voiture à grande vitesse. À l'avant, la grille fut réduite et les phares furent ajustés, tandis que l'arrière fut raccourci et doté d'un spoiler intégral.

Sous la belle carrosserie aérodynamique se trouvait un châssis classique de Ferrari composé d'une structure tubulaire en alliage soudée à la main avec une suspension avant à double triangulation et à ressorts, et une suspension arrière à pont-moteur avec des ressorts semi-elliptiques, des absorbeurs de chocs et bras de Watts. À l'époque, la plupart des voitures de course de Ferrari avaient une suspension arrière indépendante, mais Ferrari fut obligée de s'en tenir à cette structure en raison de ses déclarations selon lesquelles la GTO n'était qu'une évolution de l'ancienne GT. Des freins à disque et des jantes Borrani complétaient la structure.

Au cœur de la GTO se trouvait un magnifique V12 en aluminium alimenté par des carburateurs six cylindres en ligne Weber développant 300 ch à 7 500 tr/min et 294 Nm à 5 500 tr/min. Il était doté d'un carter sec grâce auquel il pouvait être placé plus bas dans la voiture, au bénéfice du centre de gravité et de l'aérodynamique. La puissance était transmise aux roues arrière *via* une nouvelle transmission manuelle à cinq vitesses. Ses performances étaient sensationnelles : 0-100 km/h en 6, 4 s et, grâce au travail de Bizzarrini pour améliorer l'aérodynamique, la vitesse maximale était de 278 km/h.

Cette voiture étant avant tout destinée à la course, Ferrari n'avait prêté que peu d'attention au confort du conducteur et à l'ergonomique, et l'habitacle était extrêmement vide. Le conducteur devait s'adapter à une position des pédales très bizarre, à un volant trop grand et à un étrangement long levier de vitesses. Le passager, quant à lui, devait partager sa place avec un arc, la batterie et un réservoir d'huile de moteur. L'instrumentation était rudimentaire : la voiture n'avait même pas d'odomètre, les ingénieurs considérant que seul un compteur de révolutions était nécessaire pour la course, et beaucoup des boutons étaient repris de la Fiat 500.

La Ferrari GTO était faite pour aller vite, non pour être confortable. Et elle se fit précisément remarquer sur les pistes, remportant le Championnat du monde des constructeurs de voitures de sport de 1962, 1963 et 1964. Elle s'imposa aussi dans la catégorie GT au Mans en 1962 et prit une impressionnante deuxième place dans le classement général.

La 250 GTO était extrêmement performante mais aussi l'une des voitures les plus élégantes jamais produites. Elle a également marqué l'histoire de la course en ce qu'elle est la dernière voiture de course à moteur avant efficace de Ferrari. Au total, seules 39 250 GT furent produites entre 1962 et 1964, et vendues à un prix d'environ 7 000 euros. Aujourd'hui, les supercars sont certes plus rapides mais la 250 GTO reste unique et, en raison de sa rareté, elle est devenue l'une des voitures les plus recherchées et les plus chères du monde : en 2008 un exemplaire a été adjugé pour 23 millions d'euros.

FERRARI 250 GTO 1964

MOTEUR : V12 de 2 953 cm³

PUISSANCE MAXIMALE : 300 ch à 7 500 tr/min

COUPLE MAXIMAL : 294 Nm à 5 500 tr/min

VITESSE MAXIMALE : 278 km/h

ACCÉLÉRATION 0-100 KM/H : 6,4 s

TRANSMISSION : manuel à 5 vitesses

LONGUEUR : 4,3 m

LARGEUR : 1,76 m

HAUTEUR : 1,14 m

EMPATTEMENT : 2,398 m

DATE DE PRODUCTION : 1962-1964

FREINS : à disque (AV et AR)

SUSPENSION : à double triangulation indépendante (AV), à pont-moteur (AR)

JANTES : alliage, 15 pouces

PNEUS : 600l x 15 (AV et AR)

Ferrari 365 GTB/4 Daytona

Dans les années 1960, Ferrari fut confrontée à un nouvel adversaire dans le domaine des supercars. Ferrucio Lamborghini, riche constructeur de tracteurs, créa un magasin à Sant'Agata Bolognese, à seulement quelques kilomètres du siège de Ferrari situé à Modène, et sidéra le monde de l'automobile lorsqu'il dévoila sa Miura à moteur central en 1966.

La réponse de Ferrari, une nouvelle voiture traditionnelle à moteur avant et à propulsion, était destinée à devenir l'un des grands classiques mondiaux : la 365 GTB/4. Le nombre 365 fait référence à la capacité de chacun des douze cylindres, GTB signifie Gran Turismo Berlinetta, la carrosserie est une GT Coupé et le /4 indique que le moteur contenait quatre arbres à cames.

Connue sous le nom de Daytona – Ferrari avait, l'année précédente, réalisé le triplé à Daytona Beach (Floride), la course de voitures américaine la plus prestigieuse –, la 365 GTB/4 était la voiture de série la plus chère que Ferrari ait jamais produite, mais aussi la voiture de route la plus puissante de son époque et la plus rapide lorsqu'elle fut lancée en 1968. Son moteur V12 de 4 390 cm³ développait 352 ch à 7 500 tr/min et un couple maximal de 431 Nm à 5 000 tr/min. Grâce à cela, la vitesse maximale était d'environ 282 km/h et l'accélération 0-100 km/h ne prenait que 5,7 s. Comme si cela ne suffisait pas, Ferrari offrit l'option 380 ch à certains de ses clients préférés. Mais ce qui faisait la particularité de la Daytona n'était pas seulement la vitesse qu'elle atteignait, mais aussi la facilité de conduite qu'elle offrait.

Le volant était lourd à basse vitesse, mais il s'allégeait au fur et à mesure que la vitesse augmentait, l'adhérence était extraordinaire pour l'époque malgré les limites des pneus des années 1960 et sa maniabilité était incroyable grâce à la répartition du poids à 50/50 permise par le système transaxle cinq vitesses à l'arrière. Les freins à disque et la suspension indépendante, consistant en des A de tailles inégales et des ressorts, complétaient le pack dynamique.

Cerise sur le gâteau, la Daytona était sans conteste l'une des plus belles voitures sur la route mais aussi très pratique. La Daytona était une véritable grand tourisme avec un habitacle spacieux et confortable, des sièges en cuir, des fenêtres électriques en option et un coffre relativement grand.

FERRARI 365 GTB/4 DAYTONA 1970	
MOTEUR : V12 de 4 390 cm³	**LARGEUR :** 1,76 m
PUISSANCE MAXIMALE : 352 ch à 7 500 tr/min	**HAUTEUR :** 1,245 m
COUPLE MAXIMAL : 431 Nm à 5 000 tr/min	**EMPATTEMENT :** 2,4 m
VITESSE MAXIMALE : 282 km/h	**DATE DE PRODUCTION :** 1968-1974
ACCÉLÉRATION 0-100 KM/H : 5,7 s	**FREINS :** à disque (AV et AR)
TRANSMISSION : manuel à 5 vitesses	**SUSPENSION :** à double triangulation (AV et AR)
LONGUEUR : 4,425 m	**JANTES :** alliage, 15 pouces
	PNEUS : 215/70 VR-15 (AV et AR)

Malgré son poids, la Daytona était plutôt efficace. Ferrari ne transforma jamais la voiture en un véhicule de course, mais les pilotes privés étaient encouragés à l'utiliser et, poussée à 450 ch, la Daytona décrocha une honorable cinquième place au Mans en 1972 et une deuxième place à Daytona en 1979.

L'aspect extérieur avait été conçu par Pininfarina, comme bien souvent, même si les voitures étaient en réalité construites par Scaglietti. Le châssis était tubulaire en acier ; une structure en acier était fixée dessus tandis que les portes, le capot et le coffre étaient en alliage d'aluminium pour accroître la légèreté du véhicule. La précédente Daytona avait quatre phares derrière des lentilles en plastique transparent mais ils furent vite remplacés par des phares rétractables en raison des lois américaines.

La Daytona fut produite pendant six ans jusqu'en 1974, date à laquelle 1 285 coupés et 127 Spyders décapotables avaient été construits. La Spyder, lancée en 1969, n'avait suscité que

peu d'intérêt à ses débuts mais, les années suivantes, elle fut tellement recherchée que beaucoup d'ardents collectionneurs transformèrent leurs coupés en cabriolets.

Après l'arrêt de la production de la Daytona, Ferrari fabriqua de nouvelles voitures à moteur V12 en position avant, mais la 365 GTB/4 fut la dernière voiture à moteur en position avant performante que Ferrari fabriqua avant longtemps. Elle fut remplacée comme voiture phare de la gamme Ferrari par la Berlinetta Boxer à moteur en position centrale, elle-même suivie par plusieurs supercars à moteur en position centrale. Dans les années 1990, les avantages en termes de structure du conventionnel moteur en position avant et à traction arrière incitèrent les ingénieurs de Ferrari à produire des voitures à la fois modernes et classiques, telles que les 456GT, 550, 575 et 612 Scaglietti.

La Daytona reste l'une des grand tourisme les plus élégantes, luxueuses et rapides de sa génération ce qui explique pourquoi les quelques exemplaires qui sont mis sur le marché aujourd'hui sont vendus à des prix astronomiques.

Ferrari California

Lancée en 2008, la Ferrari California fut inspirée de la Ferrari 250 California de 1957, avec laquelle elle partage la plupart de ses caractéristiques. Les deux voitures sont d'élégants cabriolets conçus pour la haute performance sur circuit et représentent le summum de la rapidité et du luxe.

Conçue par l'entreprise italienne Pininfarina, la California comprend nombre de caractéristiques esthétiques d'une Ferrari – impossible de la prendre pour une voiture d'un autre constructeur – tout en ayant une carrosserie parfaitement aérodynamique. Elle est épurée pour aller plus vite et consommer moins mais est tout de même très stable.

Le moteur V8 tout en aluminium de la California est en position avant – une première pour une Ferrari, le constructeur n'ayant jusque-là placé que des V12 en position avant. Le moteur 4 300 cm^3 développe 460 ch à 7 500 tr/min et un couple de 485 Nm à 5 000 tr/min bien que 75 % du couple soient disponibles à seulement 2 250 tr/min, ce qui en fait l'une des Ferrari modernes les plus maniables et les moins gourmandes en carburant. Ses performances extraordinaires sont permises par une injection directe et une distribution variable – le 0-100 km/h ne prend que quatre s
et la vitesse maximale est de 311 km/h.

La puissance produite par le moteur est transmise au transaxle arrière par une nouvelle boîte de sept vitesses à double embrayage qui anticipe la prochaine vitesse pour permettre un changement de rapport presque immédiat. De plus, le conducteur a le choix entre les modes manuel et complètement automatique. Le pilote de California peut aussi adapter les réglages, notamment le « Manettino » qui, placé sur le volant (comme sur une Formule 1),

FERRARI CALIFORNIA 2008

MOTEUR : V8 de 4 300 cm³

PUISSANCE MAXIMALE : 460 ch à 7 500 tr/min

COUPLE MAXIMAL : 485 Nm à 5 000 tr/min

VITESSE MAXIMALE : 311 km/h

ACCÉLÉRATION 0-100 KM/H : 4,1 secs

TRANSMISSION : semi-automatique à 7 vitesses

LONGUEUR : 4,563 m

LARGEUR : 1,902 mm

HAUTEUR : 1,308 mm

EMPATTEMENT : 2,67 m

DATE DE PRODUCTION : depuis 2008

FREINS : à disque (AV et AR)

SUSPENSION : à double triangulation indépendante (AV), à multibras indépendants (AR)

JANTES : alliage, 19 pouces

PNEUS : 245/40 ZR-19 (AV), 285/40 ZR-19 (AR)

n'a pas ces caractéristiques. Elle est, certes, disponible en rouge et est extrêmement séduisante. Mais il s'agit également d'une voiture à utiliser au quotidien, étant donné qu'elle est moins difficile à conduire que la plupart des supercars tout en étant raisonnablement spacieuse et fonctionnelle. En outre, il est facile d'y entrer et d'en sortir, qualité que l'on ne peut pas reconnaître à toutes les voitures de sport allant jusqu'à 322 km/h. La nouvelle California n'est pas aussi luxueuse que la 250 California, lancée il y a une cinquantaine d'années, dont seules 125 unités furent produites. La California devait être produite à 2 500 exemplaires par an mais en 2008, année de son lancement, 5 000 voitures avaient déjà été commandées. Il n'est pas surprenant que cette Ferrari soit très convoitée : c'est un véritable supercar à l'esthétique fabuleuse que l'on peut néanmoins utiliser pour

permet de contrôler la boîte de vitesse et les systèmes de stabilité et de traction ainsi que la suspension. Par ailleurs, il existe deux modes, les modes Confort ou Sport. Le premier est utilisé pour la conduite sur route tandis que le second sert au pilote à éteindre tous les systèmes d'aide électronique hormis l'ABS.

Le système de contrôle de traction de la California, appelé F1-Trac, est extrêmement sophistiqué : il garantit une adhérence et une stabilité optimales et produirait une accélération de 20 % meilleure que le système traditionnel en sortie de virage.

Mais ce n'est pas le seul système de sécurité de la voiture. En effet, la California est dotée d'une barre antiroulis activée en quelques millièmes de s si la voiture chasse trop ainsi que d'airbags avant et latéraux. Il n'est pas bon d'avoir un accident même avec une California mais, le cas échéant, les systèmes dont est équipée la voiture en réduiront les effets.

Le châssis et la carrosserie sont en aluminium pour limiter le poids. Le toit rigide rétractable, qui transforme un coupé en cabriolet en 14 s sur simple pression d'un bouton, est également en aluminium. L'acquéreur peut choisir entre des sièges ou une banquette arrière ; par ailleurs, le coffre est relativement spacieux pour une voiture de cette classe, que le toit soit ouvert ou non, Ferrari affirme même qu'il est possible de transporter des clubs de golf ou des skis. On s'attend à ce que toute nouvelle Ferrari soit sexy, impertinente, rouge et peu pratique mais la California

Fisker Karma

Le mouvement écologique prend de l'ampleur et cette tendance n'est pas près de s'arrêter. Que le changement climatique soit lié à l'homme ou non, il est toujours utile de réduire le plus possible les émissions de dioxyde de carbone et de gaz à effets de serre. D'autant plus que les réserves de pétrole du monde s'amenuisent. C'est pourquoi les gouvernements et les constructeurs automobiles prêtent de plus en plus d'attention à ces questions.

Certains constructeurs, notamment BMW et Mercedes-Benz, s'intéressent de plus en plus aux piles à combustible et BMW a déjà lancé une limousine Série 7 qui roule à l'hydrogène. D'autres, tels qu'Honda et Toyota, se lancent dans la production de voitures hybrides, c'est-à-dire combinant des moteurs électriques avec des moteurs conventionnels pour réduire la consommation de carburant. D'autres encore font leur maximum pour fabriquer un plus large éventail de voitures compactes, complètement électriques, plus faciles à utiliser et réalisant de meilleures performances.

Henrik Fisker, qui a conçu la BMW Z8 et les Aston Martin B9 et V8 Vantage, travaille sur les voitures hybrides. Néanmoins, il ne s'intéresse pas aux petites voitures légères. En témoigne la Fisker Karma, une voiture élégante et extrêmement confortable. Comme l'a déclaré Henrik Fisker : « Aucune règle ne prévoit qu'une voiture respectueuse de l'environnement doit être laide, petite ou inconfortable. »

La Fisker Karma a été présentée en 2009 au Salon de l'automobile de Detroit, où plus de 1 000 commandes de cette voiture hybride rechargeable faisant 3,5 l aux 100 km ont été passées. La Fisker Karma est propulsée par des moteurs électriques de 201 ch, eux-mêmes alimentés par des batteries lithium-ion que l'on recharge en les branchant dans des prises électriques normales. En mode « Stealth », mode avec lequel elle n'émet aucun gaz quel qu'il soit, elle a une autonomie de 80 km. Selon Fisker, cela suffira à la plupart des conducteurs dont la distance parcourue au quotidien pour aller au travail, déposer les enfants à l'école ou aller au supermarché n'excède que rarement 80 km.

Néanmoins, si le conducteur recherche de plus grandes performances, il peut passer en mode « Sport », mode avec lequel un moteur Ford Ecotec avec turbocompresseur de 2 l à injection directe fournit 260 ch. Ce moteur n'actionne pas les roues directement ; il active un générateur qui alimente les deux moteurs

FISKER KARMA 2009

MOTEUR : 1 998 cm³, quatre cylindres en ligne

PUISSANCE MAXIMALE : 2 x 150 kW (400 ch)

COUPLE MAXIMAL : 1 300 Nm

VITESSE MAXIMALE : 201 km/h

ACCÉLÉRATION 0-100 KM/H : 6 s

TRANSMISSION : non requise

LONGUEUR : 4,987 m

LARGEUR : 1,984 m

HAUTEUR : 1,33 m

EMPATTEMENT : 3,16 m

DATE DE PRODUCTION : 2009

FREINS : à disque (AV et AR)

SUSPENSION : en A (AV et AR)

JANTES : alliage, 22 pouces

PNEUS : 245/35 R22 (AV et AR)

électriques montés sur le différentiel arrière. En mode Sport, la Karma développe 400 ch, fait le 0-100 km/h en 6 s et atteint une vitesse maximale de 201 km/h.

L'autonomie totale, obtenue en combinant le moteur Ford Ecotec et les moteurs électriques, est d'environ 483 km. Ce qui est sans doute encore plus extraordinaire est le fait que, chargée à plein, la Karma consomme en moyenne 2,35 l aux 100 km.

Sans compter que grâce à son bas centre de gravité et à son système de suspension de sport, sa maniabilité et son adhérence offrent une excellente expérience de conduite.

Il est important de noter que tous ces avantages ne sont pas au détriment du style ou du confort. La Karma fait la hauteur d'une Porsche 911, la longueur d'une Mercedes CLS et la largeur d'une BMW Série 7. Sa carrosserie, basse, large, aérodynamique et épurée, est surmontée du plus grand panneau solaire en verre dont soit dotée une voiture dans le monde. Ce panneau solaire est doté de cellules photovoltaïques qui génèrent suffisamment d'énergie pour climatiser la voiture sans système d'air-conditionné trop gourmand en énergie.

L'habitacle est très soigné et, sur demande, l'acheteur peut disposer de sièges en cuir. Néanmoins, il existe également un pack d'options Eco-Chic, garanti sans produits issus d'animaux, le cuir étant remplacé par de la viscose de bambou, le bois venant d'arbres tombés et l'intérieur étant fabriqué à partir de feuilles fossilisées.

La production de la Fisker Karma, vendue 71 400 euros a été confiée à l'entreprise finlandaise Valmet Automotive, qui a également fabriqué des voitures pour Saab et Porsche.

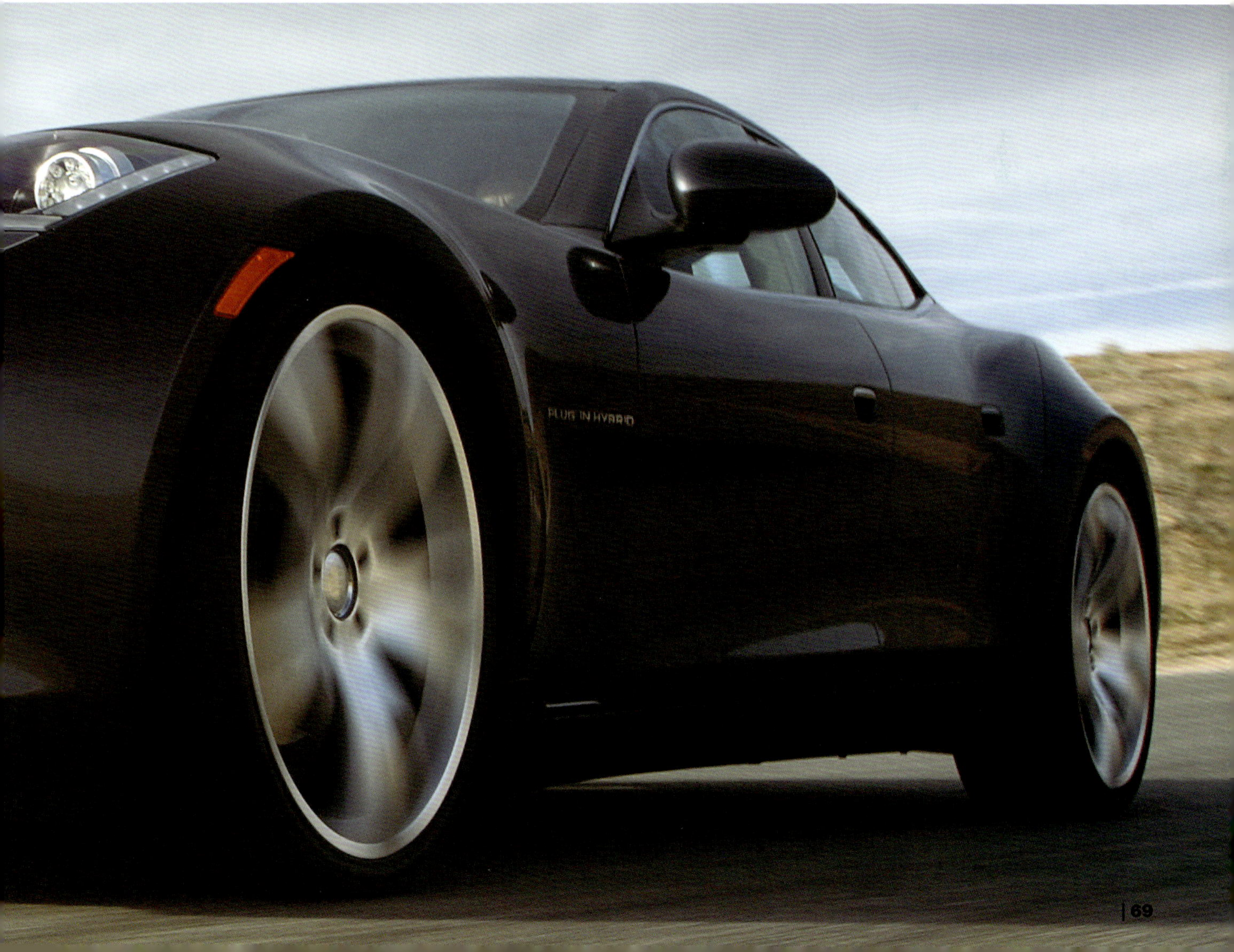

Ford GT40 Mk I Production

Au début des années 1960, Ford se lança dans la course GT et, espérant remporter la course des 24 Heures du Mans, négocia avec Ferrari pour racheter le constructeur italien. Enzo Ferrari sembla d'abord intéressé, si bien qu'il laissa les équipes de Ford entrer dans son usine pour réaliser un inventaire avant la vente. Mais il changea ensuite d'avis et invita Ford à quitter les lieux. Henry Ford II, alors président de l'entreprise, fut si contrarié qu'il fit tout pour « botter les fesses de Ferrari » en la battant au Mans.

Avec les spécialistes de la course de chez Lola, Ford développa sa propre voiture à moteur V8 Ford de 4,2 l placé en position centrale. Ce moteur développait 350 ch et un couple de 365 Nm, et des tests révélèrent que la voiture atteignait 333 km/h, ce qui était alors suffisant pour défier les Ferrari. La voiture ne faisait que 1,016 m de hauteur, soit 40 pouces, d'où son nom : GT40.

Ford engagea trois voitures au Mans en 1964, mais aucune ne passa la ligne d'arrivée, ce qui permit à Ferrari de récolter les récompenses. Après de nouveaux développements et un agrandissement du moteur à 4,7 l, la production de la voiture fut limitée en 1965. Cinquante unités devaient être produites pour que la Ford GT40 puisse être homologuée dans la catégorie Production Sports Car ; cela fut facile puisque ces Mark I GT40 étaient vendues seulement 6 900 euros ! La GT40 échoua pourtant à nouveau au Mans.

Ford se rendit compte qu'elle devait proposer une voiture plus fiable, mais aussi plus puissante. Les ingénieurs équipèrent alors la voiture d'un V8 7 l qui développait 486 ch et un couple maximal de 636 Nm. En 1966, les GT40 réalisèrent le triplé aux 24 Heures de Daytona avant que les voitures ne participent aux 24 Heures du Mans ; là encore, les GT40 firent un triplé. Par ailleurs, dans cette course, la voiture fut la première à avoir jamais atteint 322 km/h, ce qu'elle fit dans la célèbre ligne droite de Mulsanne. En 1967, 1968 et 1969, la GT40 s'imposa encore une fois au Mans. Avec

FORD GT40 MARK I PRODUCTION 1966

MOTEUR : V8 de 4 736 cm³

PUISSANCE MAXIMALE : 335 ch à 6 500 tr/min

COUPLE MAXIMAL : 446 Nm à 3 200 tr/min

VITESSE MAXIMALE : 264 km/h

ACCÉLÉRATION 0-100 KM/H : 5,4 s

TRANSMISSION : manuelle à 5 vitesses

LONGUEUR : 4,028 m

LARGEUR : 1,778 m

HAUTEUR : 1,016 m

EMPATTEMENT : 2,413 m

DATE DE PRODUCTION : 1966-1972

FREINS : à disque (AV et AR)

SUSPENSION : en A inégal (AV), à barres de torsion (AR)

JANTES : alliage, 15 pouces

PNEUS : 7,00 x 15

quatre victoires consécutives, Ford botta bel et bien les fesses de Ferrari !

La GT40 avait une carrosserie en fibre de verre sur un châssis semi-monocoque en tôle d'acier. Sa suspension intégrait des A et des ressorts ainsi qu'une barre antiroulis à l'avant et un A, des ressorts et une barre antiroulis à l'arrière. Des freins à disque équipaient les quatre roues et le V8 Ford actionnait les roues arrière *via* une transmission ZF manuelle à cinq vitesses.

Au total, 107 GT40 furent produites à Ford Advanced Vehicles à Slough (Angleterre) entre 1966 et 1972 ; 31 d'entre elles étaient

des voitures de route. La plus rare de toutes est la Mk III, conçue pour être la meilleure voiture de route qui soit et dont seules sept unités furent produites entre 1967 et 1969. Le moteur était modifié pour développer 306 ch à 6 000 tr/min et un couple de 440 Nm à 4 200 tr/min. Cela permettait de faire le 0-100 km/h en 5,4 s et d'atteindre 257 km/h. Cette voiture étant conçue pour la route, elle était équipée de silencieux très efficaces, de plus d'accessoires intérieurs et d'un coffre correct obtenu grâce à l'extension du corps de la voiture à l'arrière. La Mk III était légèrement différente des voitures de courses, notamment en ce que les phares avaient été modifiés pour respecter les lois en vigueur. À la différence des voitures précédentes, celle-ci avait un levier de vitesses central, ce qui permettait la conduite à gauche. Malheureusement, la GT40 perdit de sa compétitivité et Ford abandonna tout le projet. Les GT40 originales sont aujourd'hui les voitures les plus recherchées au monde, de sorte qu'elles coûtent plusieurs centaines de milliers d'euros. Mais de nombreuses répliques de la GT40, vendues bien moins cher, circulent sur les routes. La copie de l'originale est devenue une industrie en elle-même.

Ford Mustang

Les années 1960 étaient synonymes de liberté et d'individualisme. Elles étaient aussi marquées, surtout aux États-Unis, par une vague de création d'après-guerre contrastant avec l'austérité des années 1950, pendant lesquelles le pouvoir d'achat avait augmenté. Ce contexte eut un effet sur l'industrie automobile : les familles ne se contentaient plus d'une seule voiture et de jeunes conducteurs commençaient à avoir leur propre voiture. Ford et son responsable des ventes Lee Iacocca saisirent cette tendance en premier. Iacocca expliqua que, si Ford pouvait produire une belle voiture dont l'apparence laissait penser qu'elle était performante, la marque vendrait beaucoup même si, en réalité, la voiture était fabriquée à partir de composants standards et bon marché.

Au siège de Ford, à Dearbon (Michigan, États-Unis), les concepteurs imaginèrent une voiture de sport classique – deux portes, le choix entre cabriolet ou coupé, long capot et petit coffre – dont l'habitacle, assez confortable, comprenait quatre places. Sous cette apparence se trouvaient des composants standards, notamment un pont-moteur, même si la voiture avait une suspension avant indépendante. Le moteur était issu de la plus petite Ford, la Falcon. Il s'agissait d'un 2,8 l six cylindres ne produisant que 101 ch, si bien que la vitesse maximale était inférieure à 161 km/h.

La Ford Mustang, qui fut lancée en avril 1964, rencontra un succès immédiat, en partie parce qu'elle était magnifique, en partie parce qu'elle était bon marché – 1 880 euros – mais aussi parce qu'il s'agissait de la première voiture au monde à proposer de très nombreux options et accessoires permettant au client de créer sa propre voiture. L'une des options était un moteur V8 de 4,2 l, disponibles avec boîte automatique trois vitesses ou manuelle quatre vitesses, qui développait 164 ch et rendait la Mustang relativement performante.

Le jour du lancement de la voiture, 22 000 commandes furent passées et plus de 40 000 voitures furent vendues la première année, même si Ford avait prévu que le volume des ventes s'élèverait à 100 000 unités par an. Face à ce succès, Ford dut stimuler sa production pour répondre à la demande. Le constructeur dut aussi se rendre à l'évidence que de nombreux acheteurs recherchaient la performance ; deux nouvelles options avec moteur V8 furent proposées, notamment le légendaire V8 de 4,7 l qui développait 200 ch lors de son lancement et atteignit 270 ch dans sa version la plus puissante. Ford créa une troisième variante de carrosserie, la Fastback, un modèle de 1965. Mais le signe le plus évident de la montée en puissance et de la transformation en voiture de sport de la Mustang fut le tracé des lignes caractéristiques des voitures de course et le double pot d'échappement.

Au fil des années 1960, la Mustang, devenant de plus en plus grande et lourde, dut être équipée de moteurs plus puissants pour conserver son potentiel. En 1968, un V8 de 6 997 cm^3 développant 390 ch fut créé, tandis que la variante Cobra Jet de 7 014 cm^3 était proposée aux amateurs de courses. En 1969, de nouvelles options de moteurs furent présentées, ainsi que de nouvelles éditions spéciales, telles que la Grand Luxury, dotée d'un toit en vinyle, la Mach I, les Boss 302 et 429 et les Shelby GT350 et GT500. Au début des années 1970, la Mustang devint de plus en plus imposante – elle pesait alors 272 kg de plus que l'original.

FORD MUSTANG 1964

MOTEUR : V8 de 4 727 cm³

PUISSANCE MAXIMALE : 270 ch à 6 000 tr/min

COUPLE MAXIMAL : 423 Nm à 3 400 tr/min

VITESSE MAXIMALE : 206 km/h

ACCÉLÉRATION 0-100 KM/H : 7,6 s

TRANSMISSION : manuelle à 4 vitesses

LONGUEUR : 4,613 m

LARGEUR : 1,732 m

HAUTEUR : 1,3 m

EMPATTEMENT : 2,743 m

DATE DE PRODUCTION : 1964-1973

FREINS : à tambour (AV et AR)

SUSPENSION : indépendante à ressorts (AV), à pont-moteur (r)

JANTES : alliage, 14 pouces

PNEUS : 7.00x14

La crise pétrolière incita alors les clients à rechercher des voitures peu gourmandes et la vieille « *muscle car* » perdit ses faveurs.

La dernière des Mustang de première génération cessa d'être produite en 1973. À ce moment-là, Ford avait lancé sa première « *pony car* », poussant les autres constructeurs à répondre avec des modèles tels que la Chrysler Barracuda et la Chevrolet Camaro. La Mustang est toujours produite, même si elle est aujourd'hui bien différente de l'original.

Ford Thunderbird

Ford aurait-elle pu vendre plus de trois millions d'exemplaires d'une voiture appelée Whizzer ? Cela semble peu probable. Pourtant, c'est l'un des noms que retinrent les responsables du marketing de Ford lorsqu'ils cherchaient un nom pour leur nouvelle voiture deux places avant de sélectionner *Thunderbird* (« oiseau-tonerre »). Deux raisons poussèrent Ford à concevoir ce supercar. Tout d'abord, pendant la Seconde Guerre mondiale, des milliers de militaires américains avaient passé du temps en Europe, où ils avaient vu les petites et élégantes voitures de sport que vendaient des marques telles que MG, Jaguar et Mercedes-Benz. Deuxièmement, le grand rival de Ford, GM, venait de lancer la Corvette.

Ford devait répondre, ce qu'elle fit en présentant, au Salon de l'automobile de Detroit en janvier 1954, un concept car qui fut produit dès les mois suivants. La Thunderbird n'était pas une copie conforme de la Corvette ; au contraire, Ford cherchait par tous les moyens à se différencier. Il ne s'agissait pas d'une voiture de sport en tant que telle mais plutôt de ce que Ford décrivait comme une « voiture de luxe personnelle », un cabriolet élégant et puissant avec un compteur indiquant jusqu'à 241 km/h. La Thunderbird était à la fois très bien pensée – à partir de nombreuses pièces d'autres modèles de Ford pour que les coûts de production et de développement soient limités – et très simple, avec une carrosserie en tôle et un gros V8 actionnant les roues arrière via une transmission manuelle ou automatique.

La Thunderbird se vendit bien même s'il devint vite évident que l'absence de sièges arrière limitait les ventes. La Thunderbird de deuxième génération – généralement appelée Squarebird (« oiseau carré ») en raison de son aspect anguleux – n'avait pas cette tare.

Cette nouvelle voiture avait le châssis simple et la structure de l'original mais un design monocoque plus moderne et, pour la première fois, les options berline et cabriolet étaient disponibles. Il est intéressant de noter que la berline était plus convoitée : sur un total de 38 000 Thunderbird vendues par an, seules 2 000 étaient décapotables.

En 1961, la Thunderbird fut complètement revisitée ; elle devint plus longue, plus large et plus basse. Cette Thunderbird plus élégante et aérodynamique qui serait produite jusqu'en 1964, ressemblait à une balle, si bien qu'elle fut surnommée Bullet Bird (« oiseau balle ») ou Projectile Bird (« oiseau projectile »). Reflétant l'intérêt général de l'époque pour les avions, d'impressionnants phares arrière furent adoptés. Cet élégant design était repris à l'intérieur, sur le tableau de bord et les portes. La Thunderbird de 1961 avait un volant amovible pour faciliter l'entrée et la descente de voiture.

Le design changea mais la structure de base resta la même. En effet, la Bullet Bird avait la structure monocoque de la Squarebird, même si la suspension avait été modifiée pour être plus confortable et maniable. La puissance était produite par un V8 de 6 391 cm³ de 300 ch qui donnait la sensation d'être dans une voiture de sport, en particulier dans le cas de la Sports Roadster dont la puissance atteignait 340 ch grâce à l'adoption d'un carburateur deux corps Holley.

FORD THUNDERBIRD 1963

MOTEUR : 5 768 cm³

PUISSANCE MAXIMALE : 300 ch à 4 400 tr/min

COUPLE MAXIMAL : 535 Nm à 2 800 tr/min

VITESSE MAXIMALE : 193 km/h

ACCÉLÉRATION 0-100 KM/H : 11 s

TRANSMISSION : automatique à 3 vitesses

LONGUEUR : 5,164 m

LARGEUR : 1,956 m

HAUTEUR : 1,333 m

EMPATTEMENT : 3,022 m

DATE DE PRODUCTION : 1954-1964

FREINS : à tambour (AV et AR)

SUSPENSION : indépendante à ressorts (AV), à pont-moteur (AR)

JANTES : alliage, 14 pouces

PNEUS : 8,00 x 14

Mais même ainsi, la Thunderbird, qui approchait 2 t, ne pouvait pas être décrite comme particulièrement rapide. Elle faisait le 0-100 km/h en 11 s et ses propriétaires ne pouvaient que rêver d'atteindre les 240 km/h que le compteur affichait. La Bullet Bird, lancée en 1964, fut suivie de près par la Jet Bird (« oiseau avion »), plus anguleuse. Arrivèrent ensuite la Big Bird (« gros oiseau ») en 1972-1976, la Torino Bird (« oiseau de Turin ») en 1977-1979 et la médiocre Fairmont Bird (« oiseau de Fairmont ») en 1980-1982. Ce n'est qu'en 1983-1986, avec l'Aero Bird (« oiseau avion ») que Ford retrouva la vraie nature sportive de la Thunderbird de 1963. Néanmoins, même si l'Aero Bird est très recherchée aujourd'hui, la Thunderbird classique et mythique est la Bullet Bird de 1961-1963.

Infiniti FX50

L'Infiniti est à Nissan ce que Lexus est à Toyota et Acura à Honda. Il y a plusieurs années, les trois constructeurs japonais se rendirent compte que, s'ils voulaient entrer sur le marché des voitures de luxe, ils devaient créer une marque différente et vendre leurs voitures dans des salons d'exposition. La marque Infiniti fut introduite sur le marché américain en 1989 et, l'année suivante, elle lança la berline Q45, une voiture puissante et élégante dotée d'une suspension active et d'un habitacle extrêmement luxueux. Plus tard, elle lança le QX4, un 4X4 luxueux, et en 2003, la G35, un coupé sport qui, inspiré de la Nissan Skyline, rencontra un succès immédiat grâce à ces performances hors du commun et sa bonne maniabilité.

En 2003, Infiniti présenta la FX, l'un des premiers crossover, type de véhicule dont la partie inférieure est celle d'un 4X4 tandis que la partie supérieure, plus élégante, est une carrosserie de voiture de sport. La voiture a donc les performances d'une berline et la fonctionnalité d'un 4X4. Lors de son lancement, la FX était disponible en deux versions : la FX35, équipée d'un V6 3,5 l de 280 ch, et la FX45, dotée d'un V8 320 ch. Pour respecter l'image d'Infiniti, les deux modèles étaient très bien pensés. En 2006, après de nouveaux développements, un modèle mis à jour fut présenté au Salon de l'automobile de Genève en 2008, au moment où la marque Infiniti était lancée en Europe. Même si leurs proportions étaient proches de celles des anciennes FX, les nouvelles FX35 et FX50 avaient, selon certains commentateurs, un design « encombrant ». D'autres experts qualifièrent la voiture de « moche ».

Néanmoins, ces voitures sont très efficaces, en particulier la FX50. Son V8 de 5 026 cm^3 développe 390 ch à 6 500 tr/min et un couple de 500 Nm à 4 400 tr/min. Ces caractéristiques lui permettent de faire le 0-100 km/h en 5,8 s et d'atteindre la vitesse maximale de 249 km/h. La puissance est principalement transmise aux roues arrière via une transmission automatique sept vitesses actionnée par de petites barres sur le volant même si, lorsqu'une traction plus importante est nécessaire, le système électronique de transmission intégrale entre en jeu. La FX35, dont le moteur est plus petit, existe en version deux roues motrices et en traction intégrale. La suspension est à double triangulation et ressorts contrôlés électroniquement à l'avant et à multibras avec les mêmes ressorts contrôlés électroniquement à l'arrière. Quatre disques à l'avant et deux disques à l'arrière permettent au véhicule de s'arrêter très rapidement.

La structure de base de la FX50 est assistée par une armée de systèmes électroniques, dont l'alerte de franchissement de ligne, système qui actionne les freins lorsque le véhicule dévie, le régulateur de vitesse intelligent qui permet de toujours garder la même distance avec la voiture devant, et l'assistance au freinage, grâce à laquelle le conducteur peut arrêter complètement la FX50 avant de revenir à la vitesse sélectionnée. Ces caractéristiques permettent en théorie au conducteur de conduire pendant des kilomètres sans avoir à toucher le frein, l'accélérateur ou même le volant. L'habitacle comprend également d'excellentes caractéristiques. En effet, il est équipé d'un système de navigation avec disque dur permettant de stocker plus de 9GB de musique, d'un système de contrôle de la pression des pneus, de sièges avant en cuir capitonné et à chauffage et climatisation intégrés ainsi que d'un système de purification de l'air.

La FX50 est, à de nombreux égards, un véhicule remarquable offrant à la fois performance et luxe. Il ne fait aucun doute que le meilleur endroit duquel regarder la FX50 est l'intérieur de la voiture, car il n'y a que de là que l'on ne voit pas l'extérieur douteux.

INFINITI FX50 2008

- **MOTEUR :** V8 de 5 026 cm^3
- **PUISSANCE MAXIMALE :** 390 ch à 6 500 tr/min
- **COUPLE MAXIMAL :** 500 Nm 0 4 400 tr/min
- **VITESSE MAXIMALE :** 249 km/h
- **ACCÉLÉRATION 0-100 KM/H :** 5,8 s
- **TRANSMISSION :** automatique 7 vitesses
- **LONGUEUR :** 4,803 m
- **LARGEUR :** 1,925 m
- **HAUTEUR :** 1,651 m
- **EMPATTEMENT :** 2,85 m
- **DATE DE PRODUCTION :** depuis 2008
- **FREINS :** à disque (AV et AR)
- **SUSPENSION :** indépendante de type MacPherson (AV), indépendante à multibras (AR)
- **JANTES :** alliage, 20 pouces
- **PNEUS :** 265/50 R-20 (AV et AR)

Jaguar D-Type

Les concepteurs de la Jaguar D-Type n'avaient qu'un objectif : gagner au Mans. La C-Type s'était imposée en 1951 et 1953 ; la D-Type devait faire de même.

La D-Type était radicalement différente de sa devancière. Elle avait, certes, le même moteur XK six cylindres, mais elle avait un châssis monocoque soudé sur un sous-châssis. Ce changement était important puisque c'était la première fois que des techniques d'ingénierie aéronautique étaient appliquées aux voitures de courses. Les mêmes techniques furent employées pour le design de la carrosserie. La forme très aérodynamique fut conçue par Malcolm Sayer, qui avait travaillé dans l'ingénierie aéronautique et avait également dessiné la C-Type et concevrait la E-Type.

Pour accroître la stabilité en prévision de la longue ligne droite de Mulsanne, dans la course du Mans, Sayer installa un aileron derrière la place du pilote ; cet élément permit immédiatement à la D-Type de se faire remarquer.

Le moteur avait été développé à partir du six cylindres en ligne de 3 442 cm³ de Jaguar mais était doté d'un carter sec qui réduisait le poids de la voiture et le risque de déjaugeage de la pompe à huile qui peut apparaître lors de passages très rapides en courbe. Le moteur développait 250 ch à 6 000 tr/min et un couple de 325 Nm à 4 000 tr/min, ce qui permettait à la voiture de faire le 0-100 km/h en un peu plus de 7 s et d'atteindre la vitesse maximale de 274 km/h. La boîte de vitesses manuelle à quatre vitesses et le pont rigide arrière Salisbury étaient issus de la XK de série, même si les rapports étaient modifiés pour favoriser la haute performance au détriment de la distance.

Lors de son lancement, aux 24 Heures du Mans de 1954, la D-Type décrocha la deuxième place, juste derrière une Ferrari. L'année suivante, les ingénieurs dotèrent la voiture d'un plus long museau pour améliorer son aérodynamisme, ce qui entraîna des gains de vitesse. Les D-Type de Mike Hawthorn et Ivor Bueb s'offrirent alors le drapeau à damier, même si leur victoire fut éclipsée par l'un des pires accidents de l'histoire de la course automobile : la Mercedes-Benz SLR de Pierre Levegh avait fini sa course dans

le public, tuant 80 personnes. La D-Type remporta encore une fois les 24 Heures du Mans en 1956, grâce aux efforts de l'équipe privée Écurie Écosse. Jaguar cessa de participer à des courses fin 1956 mais Écurie Écosse s'offrit le doublé en 1957.

Au total, 68 Jaguar D-Type furent produites mais 25 restèrent invendues. Elles furent converties en voitures de routes, sous le nom de Jaguar XKSS. Des pare-chocs et des phares ajustés furent ajoutés pour rendre la voiture conforme, l'aileron arrière fut retiré et une porte fut installée côté passager. La cabine restait exposée aux éléments, même si une capuche rudimentaire avait été ajoutée, outre les sièges en cuir et de nombreux accessoires. Sur le plan mécanique, la XKSS était presque identique à la D-Type. Ses performances étaient extraordinaires : 0-100 km/h en 5,4 s et vitesse maximale de 257 km/h avec un ratio de l'essieu arrière de 3,54:1. Les clients pouvaient opter pour un ratio de l'essieu arrière supérieur afin d'atteindre la vitesse maximale de près de 260 km/h. Mais malheureusement, seulement 16 XKSS furent produites avant qu'un immense incendie ne détruise l'usine Jaguar de Browns Lane, à Coventry (Angleterre), et ne suspende la production pendant six semaines. Après cela, le constructeur considéra qu'il était plus important d'accroître la production de la berline 3.4 Jaguar, si bien que la XKSS devint une histoire ancienne. La XKSS fut vendue au Salon de l'automobile de New York en 1957 et l'un de ses premiers acquéreurs fut le célèbre acteur Steve McQueen. Sur les 16 XKSS construites, 12 furent vendues aux États-Unis, deux au Canada, une au Royaume-Uni et une à Hong-Kong.

JAGUAR D-TYPE 1954

MOTEUR : 3 442 cm³, 6 cylindres en ligne

PUISSANCE MAXIMALE : 250 ch à 6 000 tr/min

COUPLE MAXIMAL : 325 Nm à 4 000 tr/min

VITESSE MAXIMALE : 274 km/h

ACCÉLÉRATION 0-100 KM/H : 7,2 s

TRANSMISSION : manuelle à 4 vitesses

LONGUEUR : 3,912 m

LARGEUR : 1,664 m

HAUTEUR : 1,372 m

EMPATTEMENT : 2,3 m

DATE DE PRODUCTION : 1954-1956

FREINS : à disque (AV et AR)

SUSPENSION : à double triangulation (AV), à pont rigide (AR)

JANTES : acier, 16 pouces

PNEUS : 6,5 x 16

Jaguar E-Type

Lorsque la Jaguar E-Type fut présentée au Salon de l'automobile de Genève en 1961, ce ne furent ni ses proportions élégantes ni sa vitesse maximale de 241 km/h qui interloquèrent le public, mais son prix. La voiture était en effet vendue à 1 750 euros ; même si cela représentait beaucoup d'argent à une époque où les petites voitures se vendaient quelques centaines d'euros, la Jaguar E-Type était moins chère que n'importe quelle Ferrari ou Mercedes de sport.

La structure de l'E-Type était relativement simple : un habitacle monté sur une suspension indépendante elle-même fixée sur un sous-châssis. À l'avant, un châssis à tube rectangulaire, une suspension à barre de torsion et un petit sous-châssis tubulaire en acier portaient le radiateur et le long capot. Sous cet immense capot se trouvait un moteur six cylindres en ligne de 3 781 cm^3 qui développait 265 ch à 5 500 tr/min et un couple de 352 Nm à 4 000 tr/min. La puissance était transmise aux roues arrière *via* une boîte manuelle quatre vitesses.

À l'époque, Jaguar affirmait que la vitesse maximale de la E-Type en version coupé 2+2 était de 241 km/h et celle de la version cabriolet, légèrement moins aérodynamique,

JAGUAR E-TYPE 1970

MOTEUR : 4 235 cm³, six cylindres en ligne

PUISSANCE MAXIMALE : 265 ch à 5 400 tr/min

COUPLE MAXIMAL : 380 Nm à 4 000 tr/min

VITESSE MAXIMALE : 241 km/h (vitesse annoncée)

ACCÉLÉRATION 0-100 KM/H : 7,3 s

TRANSMISSION : manuelle à 4 vitesses

LONGUEUR : 4,45 m

LARGEUR : 1,65 m

HAUTEUR : 1,22 m

EMPATTEMENT : 2,44 m

DATE DE PRODUCTION : 1961-1975

FREINS : à disque (AV et AR)

SUSPENSION : en A indépendant (AV), en A indépendant (AR)

JANTES : alliage, 15 pouces

PNEUS : ER70 VR-15

fit la meilleure impression : la combinaison de ses performances impressionnantes et de son aspect en fit la voiture la plus convoitée par les passionnés de voitures.

Au fil des ans, l'E-Type fut progressivement améliorée. En 1964, seulement trois ans après le lancement des voitures de Série 1 – reconnaissables à leurs phares recouverts de vitres et leurs petites entrées d'air à l'avant –, elle fut dotée d'un moteur plus grand, de 4,2 l et d'une bonne boîte de vitesses. Cette version de l'E-Type fut connue sous le nom de Série 1½. La Série 2 de 1966, quant à elle, avait un plus grand habitacle et deux petits sièges à l'arrière ce qui en faisait une 2+2. Enfin, la Série 3, créée en 1971, avait un moteur V12 de 5 343 cm³. En 1975, lorsque Jaguar cessa de la produire, la E-Type avait été vendue à 70 000 exemplaires… Ce qui n'est pas surprenant puisque, lorsqu'il la vit, le grand rival de Jaguar, Enzo Ferrari, la décrivit comme « la plus belle voiture jamais conçue ».

de 240 km/h ; les deux versions de la E-Type faisaient le 0-100 km/h en 7,3 s. Mais il semble que Jaguar en ait un peu rajouté : aucun expert de magazine d'automobile qui essaya la voiture ne parvint à la vitesse magique de 241 km/h. L'E-Type n'en était pas moins extrêmement rapide pour son époque et cela n'empêcha pas les premiers testeurs de vanter les mérites de cette gracieuse Jaguar et, plus particulièrement, sa tenue de route et sa maniabilité qu'aucune voiture ne surpasserait avant des années. L'E-Type n'était certes pas parfaite – les disques de ses freins surchauffaient et sa boîte de vitesses Moss était loin d'être moderne – mais elle fut rapidement considérée comme la crème des voitures de sport et un vibrant symbole des Swinging Sixties. Elle fut baptisée E-Type pour que le public la voie comme une descendante des C-Type et D-Type victorieuses au Mans. Les trois voitures avaient été dessinées par Malcolm Sayer, qui avait de l'expérience dans l'industrie aéronautique. Leur design doux et efficace leur donnait un avantage aérodynamique qui leur permit de remporter plusieurs courses. Comme ses devancières, l'E-Type avait une forme arrondie sur laquelle l'air glissait, était basse et était dotée d'un immense capot qui la faisait ressembler à une voiture de course. Il ne fut donc pas surprenant que l'E-Type soit rapidement envoyée en compétition, après avoir été transformée, en 1963, en une voiture de course légère capable d'affronter les Ferrari 250 GT et les Aston Martin DB4GT. Mais c'est sur la route que l'E-Type

Jaguar XFR

Depuis des décennies, Jaguar crée des berlines et des voitures de sport. Sa réputation de constructeur de voitures de sport est née en 1948 lorsque la XK120 apparut. La XK120 était une magnifique voiture dont les performances égalaient celles de ses concurrentes. Elle fut la première d'une lignée dans laquelle s'inscrivirent également les Jaguar C, D et E-Type et plus récemment le XKR, une voiture deux places très performante disponible en version roadster et en version coupé. Mais Jaguar est aussi reconnue pour ses berlines rapides et confortables. Ainsi, pendant un temps, le slogan de l'entreprise était « *Grace, Pace and Space* » (« Grâce, vitesse et espace ») – les trois ingrédients clés qui rendaient une Jaguar unique.

Lorsqu'elle fut lancée en 2008, la Jaguar XF était radicalement différente, sur le plan esthétique, de sa devancière, la S-Type, mais il ne fait aucun doute qu'elle avait toutes les qualités d'une Jaguar. Son design était gracieux, le 0-100 km/h en 5,9 s et une maximale de 249 km/h étaient d'excellentes performances en termes de vitesse et, même si la XF avait été conçue comme un coupé, cette quatre portes laissait beaucoup d'espace aux passagers et à leurs bagages.

La voiture phare de la gamme XF modifie l'expérience Jaguar, puisqu'elle est moins gracieuse et spacieuse mais atteint les vitesses qu'atteignent généralement les supercars. La Jaguar XFR est équipée d'un V8 5 l à injection directe qui développe 510 ch à 6 000 tr/min et un couple de 625 Nm à 2 500 tr/min. La puissance étant transmise aux roues arrière *via* une transmission automatique six vitesses, la XFR fait le 0-100 km/h en 5,1 s et atteint la vitesse limitée électroniquement de 249 km/h. Plus intéressant à noter encore étant donné les routes embouteillées d'aujourd'hui, la voiture passe de 80 à 110 km/h en 2 s, ce qui donne un défi à relever à Ferrari et Lamborghini.

Le moteur offre des performances extraordinaires mais est également peu gourmand en carburant et émet moins de gaz que le V8 4,2 l des autres modèles de XF, si bien que la voiture respecte les normes européenne EU5 et américaine UEV2. Si la XFR respecte les normes environnementales, c'est aussi grâce à son compresseur volumétrique Twin Vortex et en partie à son injection à rampe commune, livrant le carburant à une pression de 150 bars directement dans les cylindres pour intensifier le mélange air-carburant, améliorer le contrôle de la combustion et ainsi accroître l'efficacité et le couple.

Sur le papier, les performances sont excellentes ; sur la route, elles sont encore meilleures. Cela est dû au fait qu'au lieu de mobiliser toute sa puissance pour actionner les roues, la XFR est dotée des systèmes Active Differential Control (ACD, contrôle de différentiel actif) et Adaptive Dynamics (AD, dynamique adaptative) – des nouvelles technologies impliquant la combinaison d'un différentiel contrôlé électroniquement et d'un système de suspension et permettant d'optimiser la traction en phase d'accélération et dans les virages. Le différentiel modifie automatiquement la répartition du couple entre les roues arrière en fonction de l'état de la route et de la quantité de puissance ; ce système est donc très différent d'un système de contrôle de traction traditionnel, dans lequel ce sont les freins qui corrigent la trajectoire. Le système de suspension Adaptive Dynamics est aussi un développement majeur, puisqu'il ajuste automatiquement l'amortisseur à l'état de la route et à la façon dont la voiture est conduite. Ainsi, au lieu d'un choix entre les modes « Confort » et « Sport », que proposent de nombreux autres systèmes, ce système offre une stratégie d'amortissement progressive assurant confort et maniabilité en toutes circonstances. Visuellement, la XFR est reconnaissable à ses auvents de capots, ses quatre pots d'échappement, son becquet arrière et ses jantes alliage 20 pouces. En fait, elle a tout ce qu'il faut – performance, luxe, style et attrait – pour justifier sa qualification de meilleure berline de sport du constructeur Jaguar.

JAGUAR XFR 2009

MOTEUR : V8 de 5 000 cm³

PUISSANCE MAXIMALE : 510 ch à 6 000 tr/min

COUPLE MAXIMAL : 625 Nm à 2 500 tr/min

VITESSE MAXIMALE : 249 km/h

ACCÉLÉRATION 0-100 KM/H : 4,9 s

TRANSMISSION : automatique 6 vitesses

LONGUEUR : 4,961 m

LARGEUR : 1,877 m

HAUTEUR : 1,46 m

EMPATTEMENT : 2,909 m

DATE DE PRODUCTION : depuis 2009

FREINS : à disque (AV et AR)

SUSPENSION : à double triangulation (AV et AR)

JANTES : alliage, 20 pouces

PNEUS : 245/35 R20 (AV et AR)

Lamborghini Miura P400

La question de savoir quel était le modèle le plus apprécié au Salon de l'automobile de Genève en 1966 n'appelle qu'une réponse : la Lamborghini Miura, une élégante voiture à moteur en position centrale avec une carrosserie ultramoderne, conçue par Bertone, qui cachait un châssis, un moteur et une transmission extrêmement avancés technologiquement. Ferrucio Lamborghini, qui produisait des utilitaires agricoles, avait acheté un certain nombre de Ferrari pour son usage personnel. Mais il était peu satisfait de la qualité des voitures et plus encore insatisfait par la façon dont il était accueilli à l'usine Ferrari. Il décida alors de financer, construire et vendre son propre supercar sur les terres de Ferrari. Judicieusement, Lamborghini, qui adorait le bétail, choisit un taureau comme logo de l'entreprise de supercar qu'il fonda, et baptisa sa première voiture, la Miura, du nom d'une des meilleures races de taureaux de combat.

Lamborghini recruta les meilleurs pour créer la Miura, notamment Giotto Bizzarrini pour fabriquer le moteur, Gianpolo Dallara pour dessiner le châssis et Bertone pour concevoir la carrosserie. Marcello Gandini, qui était alors employé à Bertone, est souvent cité comme étant celui qui a créé la carrosserie mais Giorgetto Giugiaro, qui avait également travaillé pour Bertone, affirma que 70 % du design était de lui. L'équipe créa une voiture avant-gardiste qui créa la surprise dans l'industrie automobile.

La Miura n'était pas seulement le plus magnifique supercar de son époque, c'était aussi une voiture extrêmement performante. Sans compter que c'était aussi l'une des premières voitures efficaces avec un moteur en position centrale, grâce à l'ingénieux travail de Bizzarrini. Giotto Bizzarrini avait réussi à faire tenir le V12 en position transversale dans le monocoque de la Miura et à permettre la transmission de puissance aux roues arrière *via* un transaxle cinq vitesses placé dans le carter du compresseur – la solution qu'Alec Issigonis avait utilisée pour la Mini originale. Il est intéressant de noter que le réservoir d'essence de la Miura était placé à l'avant de la voiture, si bien que lorsque le carburant était brûlé, l'avant du véhicule devenait plus léger et donc plus difficile à conduire à très haute vitesse. L'idée originale était de ne créer que 50 voitures mais la Miura rencontra un tel succès que 762 voitures furent finalement livrées. La première Miura, qui s'appelait P400, développait 350 ch. Le modèle suivant, qui apparut en 1968, était légèrement plus puissant et plus confortable – il avait notamment

des vitres électriques. Enfin, en 1971, fut lancée la P400SV, la meilleure et plus convoitée de toutes les Miura. La SV avait un arbre à cames modifié et plusieurs carburateurs qui permettaient d'accroître la puissance à 385 ch à 7 000 tr/min, plus qu'assez pour atteindre 274 km/h et faire le 0-100 km/h en 6,4 s. Ses pneus étaient plus larges, la géométrie de sa suspension était révisée et son châssis était construit dans de l'acier plus lourd, ce qui améliora la maniabilité. La SV (Spinto Veloce, vite propulsée) était également dotée d'un différentiel à glissement limité qui améliorait la tenue de route et la maniabilité.

La Miura, icône dans les années 1960, apparaissant dans les premières minutes du film *Braquage à l'italienne* (1969). Un prototype de roadster Miura fut présenté au Salon de l'automobile de Bruxelles en 1968 mais il ne fut jamais produit, Lamborghini ayant décidé, sans doute à raison, d'éviter de s'éparpiller en créant un nouveau modèle et de se concentrer sur la livraison des voitures aux clients. Néanmoins, le modèle suivant était déjà en préparation : lors du Salon de l'automobile de Genève de 1971, Lamborghini lança non seulement la Miura SV mais présenta également la LP500 Countach.

LAMBORGHINI MIURA P400 1971

MOTEUR : V12 de 3 929 cm³

PUISSANCE MAXIMALE : 350 ch à 7 000 tr/min

COUPLE MAXIMAL : 400 Nm à 5 750 tr/min

VITESSE MAXIMALE : 274 km/h

ACCÉLÉRATION 0-100 KM/H : 6,4 s

TRANSMISSION : manuelle à 5 vitesses

LONGUEUR : 4,39 m

LARGEUR : 1,78 m

HAUTEUR : 1,1 m

EMPATTEMENT : 2,504 m

DATE DE PRODUCTION : 1966-1972

FREINS : à disque (AV et AR)

SUSPENSION : indépendante à double triangulation (AV et AR)

JANTES : alliage, 15 pouces

PNEUS : 205/70 VR-15 (AV et AR)

Maserati GranTurismo S

La marque Maserati, qui fut un temps la plus grande marque italienne, fut rachetée par Fiat en 1993 après des années de déclin. La priorité des nouveaux propriétaires était d'investir dans un nouveau modèle pour redorer le blason de Maserati. Ainsi, avec l'aide de Fiat, Maserati lança la 3200GT en 1999. Il s'agissait d'un élégant coupé, dessiné par ItalDesign, entreprise de Giugiaro, et équipé d'un V8 3,2 l avec turbocompresseur. Le véhicule, joli et performant, permit à Maserati de reprendre le chemin du succès. En 1999, le contrôle de Maserati fut transmis à Ferrari (elle-même propriété de Fiat). Il était prévu que Maserati deviendrait la section de voitures de luxe de Ferrari tandis que Ferrari elle-même se concentrerait sur les supercars. Avec l'aide de Ferrari, Maserati créa le Coupé et le Spyder cabriolet, qui supplantèrent la 3200GT en 2004.

Trois ans plus tard, ces modèles furent à leur tour remplacés par la Maserati GranTurismo. Maserati choisit Pininfarina, le designer qu'elle avait utilisé pour sa Quattroporte, si bien que son châssis, sa suspension et son moteur sont identiques à ceux de sa devancière. Le styliste de la GranTurismo, Jason Castriota, créa une Maserati classique, dotée d'une grille de calandre ovale évoquant les anciens modèles et ayant une allure de bouteille de cola agressive mais galbée qui révèle le potentiel de la voiture.

La 3200GT, l'une des plus belles voitures d'aujourd'hui, attire l'attention où qu'elle aille. Son V8 de 4 244 cm³ développe 400 ch à 7 100 tr/min et un couple de 460 Nm à 4 750 tr/min. Par ailleurs, ses performances sont extraordinaires : 0-100 km/h en 5,4 s et une vitesse maximale de 285 km/h. Ces performances sont largement suffisantes pour faire de l'ombre à celles de l'Aston Martin V8 Vantage voire à la Porsche 911. Maserati considérait la GranTurismo

comme un grand tourisme – d'où son nom – et ne la fabriqua donc qu'à transmission automatique, même si elle pouvait être contrôlée manuellement via des baguettes fixées au volant.

Puis, en 2008, Maserati introduisit la GranTurismo S, dotée d'un moteur plus gros et plus puissant, de meilleures suspensions « Skyhook », de freins Brembo et d'une transmission séquentielle robotisée qui change les vitesses en 100 millièmes de s. La puissance du nouveau V8, d'un volume désormais de 4 691 cm^3, fut poussée à 440 ch à 7 000 tr/min et le couple maximal atteignit 490 Nm à 4 750 tr/min, si bien que la voiture fait maintenant le 0-100 km/h en 4,9 s et atteint 295 km/h. Par hasard, son moteur est identique à celui de l'Alfa Romeo 8C Competizione, même s'il a été préparé différemment pour être compatible avec le poids et le caractère « grand tourisme » de la Maserati.

Sur la route, la GranTurismo S est l'une des Maserati récentes dont la tenue de route est la meilleure. La transmission étant intégrée au transaxle arrière, le ratio de l'essieu arrière est de 47:53, ce qui permet une bonne traction et un équilibre correct. Par ailleurs, grâce au mode sport du système Skyhook, les ressorts du système de suspension adaptable sont parfaitement réglés, la réponse est rapide et le passage des six vitesses de la boîte automatique se fait plus tard lorsque la voiture est conduite vigoureusement. L'habitacle, recouvert de cuir Poltrona Frau et de bois fin, constitue un environnement élégant marqué de petites touches de style italien.

Peu après, une GranTurismo S complètement automatique fut lancée et, à plusieurs égards, elle devint le parfait grand tourisme. Au lieu d'être située sur le transaxle arrière, la boîte de vitesse est montée à l'arrière du moteur, ce qui améliore l'équilibre de la voiture à un ratio de 49:51. Elle est toujours très rapide lorsque cela est nécessaire mais sait être confortable et élégante lorsqu'il s'agit de transporter passagers et bagages.

MASERATI GRANTURISMO S 2008

MOTEUR : V8 de 4 691 cm^3

PUISSANCE MAXIMALE : 440 ch à 7 000 tr/min

COUPLE MAXIMAL : 490 Nm à 4 750 tr/min

VITESSE MAXIMALE : 295 km/h

ACCÉLÉRATION 0-100 KM/H : 4,9 s

TRANSMISSION : automatique à 6 vitesses

LONGUEUR : 4,881 m

LARGEUR : 1,915 m

HAUTEUR : 1,353 m

EMPATTEMENT : 2,942 m

DATE DE PRODUCTION : depuis 2008

FREINS : à disque (AV et AR)

SUSPENSION : à double triangulation (AV et AR)

JANTES : alliage, 20 pouces

PNEUS : 245/35 R-20 (AV), 285/35 R-20 (AR)

Mercedes-Benz 300 SL

Lorsque la Mercedes-Benz 300 SL à carrosserie en aluminium fut révélée au Salon international de l'automobile de New York en février 1954, il fut immédiatement évident que cette voiture avait quelque chose de spécial. Non seulement elle avait des portes en ailes de mouette qui ne passaient pas inaperçues, mais elle était également présentée comme la voiture de série la plus rapide du monde, avec une vitesse maximale annoncée de 266 km/h.

La 300 SL, qui remporta les courses du Mans, de Nürburgring et la Carrera Panamericana au Mexique, avait au départ été conçue comme une voiture de course. Il n'était donc pas prévu qu'elle soit fabriquée en série, jusqu'à ce que Maxi Hoffman, l'importateur américain des Mercedes, ne demande au constructeur de créer une voiture de sport à offrir à ses riches clients. La 300 SL et la 190SL, plus petite, furent alors produites et vendues au-delà de tout espoir, le prix de la 300 SL étant de 14 800 euros alors qu'une berline 170 Mercedes coûtait 4 000 euros.

La voiture ne se distinguait pas que par ses portes en forme d'ailes de mouette. Sa forme très aérodynamique était également magnifiquement proportionnée et infiniment élégante et ses concepteurs peuvent être fiers du fait que cinquante ans plus tard, elle ait toujours l'air aussi jeune. La carrosserie en aluminium est montée sur un châssis tubulaire ; c'est ce châssis qui poussa les concepteurs à choisir les portes en forme d'ailes de mouette. En effet, le châssis était tellement haut sur les côtés qu'il aurait été impossible d'installer des portes conventionnelles.

Le moteur de la 300 SL, un six cylindres 2 995 cm^3, était incliné pour tenir sous le capot. Cela réduisait l'espace aux pieds du passager mais permettait de garder le centre de gravité bas et bien au milieu de la voiture.

L'une des nouveautés de la 300 SL était le fait qu'elle était dotée d'une injection directe d'essence ce qui en faisait une 215 ch et lui permettait d'atteindre la vitesse de 235 km/h et de faire le 0-100 km/h en 9,1 s avec la boîte de vitesses standard.

D'autres boîtes de vitesses étaient disponibles : elles amélioraient l'accélération ou augmentaient la vitesse maximale à 266 km/h. Avec ses 215 ch et son poids de 1 295 kg, la 300 SL était déjà extrêmement rapide pour son époque ; les clients qui souhaitaient de performances encore meilleures pouvaient choisir un modèle entièrement construit en alliage d'aluminium léger, d'un poids total de 80 kg. Seuls 29 acquéreurs de SL optèrent pour ce modèle, qui est donc très recherché aujourd'hui. À l'intérieur, les sièges standards étaient en tissu mais des sièges en cuir étaient en option. Il n'était pas facile de rentrer et sortir de voiture malgré le volant pliable qui facilitait légèrement les choses. Tous les modèles de 300 SL étaient très maniables, avaient une excellente tenue de route, un volant très précis et des performances qui faisaient de l'ombre à la plupart de ses contemporaines. Ses caractéristiques dynamiques firent de la 300 SL un grand classique. Mais ce sont surtout les portes en ailes de mouette qui en firent une voiture de légende. La 300 SL fut même désignée « voiture de sport du siècle » dans un sondage organisé à la fin du XXe siècle.

Étonnamment, seules 1 400 300 SL coupés furent construites en 1954 et 1957. 1 100 d'entre elles furent vendues au États-Unis, ce qui révéla qu'Hoffman connaissait bien le marché. Néanmoins, il remarqua rapidement que les acquéreurs désiraient une voiture de sport cabriolet plus grande et confortable. Il transmit le message à la direction de Mercedes-Benz, qui prit le conseil en compte et proposa une 300 SL Roadster plus pratique à toit ouvrant qui fut présentée en 1957.

MERCEDES-BENZ 300 SL 1954

MOTEUR : 2 995 cm³, six cylindres en ligne

PUISSANCE MAXIMALE : 215 ch à 5 800 tr/min

COUPLE MAXIMAL : 275 Nm à 4 600 tr/min

VITESSE MAXIMALE : 235 km/h

ACCÉLÉRATION 0-100 KM/H : 9,1 s

TRANSMISSION : manuelle à 4 vitesses

LONGUEUR : 4,52 m

LARGEUR : 1,778 m

HAUTEUR : 1,302 m

EMPATTEMENT : 2,4 m

DATE DE PRODUCTION : 1954-1957

FREINS : à tambour (AV et AR)

SUSPENSION : indépendante à ressorts (AV et AR)

JANTES : acier, 15 pouces

PNEUS : 6,70 x 15

Plymouth Superbird

Pour participer aux séries de la NASCAR en 1970, un constructeur devait non seulement fabriquer et faire homologuer un certain nombre de voitures de série mais il devait aussi veiller à ce que ces voitures de série ressemblassent aux voitures de course, notamment en termes d'aérodynamisme. C'est ainsi que la Plymouth Superbird devint l'une des muscle cars les plus bizarres et extravagantes de son époque.

La Superbird avait un long museau en forme de balle, un capot allongé, une lunette arrière encastrée et un profil arrière massif. En réalité, l'aileron arrière, qui n'avait semble-t-il aucun effet aérodynamique en dessous de 145 km/h, était placé très haut pour que l'on puisse ouvrir le coffre. Alors que l'angle d'incidence était fixe sur les voitures de route, sur les voitures pour la NASCAR, il était ajusté pour répondre aux caractéristiques de chaque course.

Les 1 935 Plymouth Superbird qui furent vendues au public étaient dotées d'un toit en vinyle, qui était nécessaire pour cacher les marques laissées par l'installation de la lunette arrière. Et comme si cela ne suffisait pas à attirer l'attention, la Superbird était également équipée d'autocollants « Plymouth » sur l'aileron arrière.

Le moteur standard de la Superbird était le 7 210 cm^3 de GM, équipé d'un carburateur quatre corps et accouplé à une boîte automatique TorqueFlite trois vitesses. Il développait 375 ch à 4 600 tr/min et un couple de 650 Nm à 3 200 tr/min. Il existait également une version améliorée de 390 ch du moteur avec trois carburateurs double corps et une transmission manuelle à quatre vitesses. Enfin, les acquéreurs recherchant la performance pouvaient choisir le moteur 6 981 cm^3 Hemi équipé de quatre carburateurs double corps qui développait 425 ch à 5 000 tr/min et un couple de 664 Nm à 4 000 tr/min. Celles équipées de Hemi étaient sans doute les meilleures des Superbird mais la voiture était extraordinaire quel que soit le moteur. En effet, même la Superbird de base faisait le 0-100 km/h en moins de 6,2 s ; les versions avec moteur Hemi le faisaient, elles, en 5 s. La vitesse maximale se situait entre 209 km/h et 257 km/h selon les modèles.

La Plymouth Superbird ressemblait beaucoup à la Dodge Charger Daytona, avec laquelle elle partageait sa barre de torsion et ses absorbeurs de chocs hydrauliques, sa suspension avant et ses ressorts semi-elliptiques arrière. La structure n'était pas très sophistiquée mais cela correspondait à la voiture, pas très sophistiquée non plus. Le seul rôle de la structure était d'extraire la performance maximale du gros moteur V8 de la voiture. Des freins à disque étaient installés à l'avant tandis que c'étaient des tambours qui assuraient le freinage des roues arrière. À l'intérieur, les banquettes standards, en vinyle blanc ou noir, pouvaient être remplacées par des sièges baquets. Les tapis, le tableau de bord, la plage arrière et le volant étaient noirs quelle que soit la version. La Superbird ne fut produite que pendant un an car le nouveau règlement de la NASCAR, qui entra alors en vigueur, interdisait les voitures dont le moteur était supérieur à 4 998 cm^3. Or, avec un moteur de ce volume, la Superbird n'aurait plus été compétitive, même si cela peut sembler étrange aujourd'hui.

Les concessionnaires qui vendaient des Plymouth eurent du mal à écouler toutes les Superbird qui avaient été produites,

PLYMOUTH SUPERBIRD 1970

MOTEUR : V8 de 6 981 cm³

PUISSANCE MAXIMALE : 425 ch à 5 000 tr/min

COUPLE MAXIMAL : 664 Nm à 4 000 tr/min

VITESSE MAXIMALE : 257 km/h

ACCÉLÉRATION 0-100 KM/H : 5 s

TRANSMISSION : automatique 3 vitesses ou manuelle 4 vitesses

LONGUEUR : 5,588 m

LARGEUR : 1,941 m

HAUTEUR : 1,56 m

EMPATTEMENT : 2,941 m

DATE DE PRODUCTION : 1970

FREINS : à disque (AV), à tambour (AR)

SUSPENSION : à barres de torsion (AR), à pont rigide (AR)

JANTES : acier, 15 pouces

PNEUS : F60x15 (AV et AR)

de sorte que certaines furent converties en Road Runner juste pour pouvoir être vendues. Cela est peut-être dû au fait que l'aspect de ce supercar était trop extrême, au fait que les 48,3 cm qu'il avait de plus que la Road Runner le rendaient impossible à mettre dans un garage, ou encore au fait que les couleurs standards de cette voiture – jaune citron, vert tilleul ou orange – étaient trop voyantes.

Depuis lors, néanmoins, la Superbird s'est imposée comme le muscle car le plus cher et le plus convoité. Aux enchères, elle est régulièrement adjugée à 162 500 euros, ce qui n'est pas mal pour une voiture qui se vendait mal à 3 500 euros en 1970 !

Rolls Royce Phantom Drophead Coupé

En 2004, pour fêter son 100ᵉ anniversaire, Rolls-Royce créa la 100EX, un concept car coupé cabriolet qui, comme toute Rolls-Royce, associe parfaitement élégance et innovation. Cette nouvelle voiture fut exposée à plusieurs salons de l'automobile dans le monde entier, où elle fut tellement bien accueillie que la production de la version de série fut lancée presque aussitôt.

Au Salon de l'automobile de Detroit de 2006, la 100EX était devenue la Rolls-Royce Phantom Drophead Coupé, une décapotable deux portes et quatre places qui associe un châssis ultramoderne en aluminium et un travail d'artiste – les pièces sont en bois, cuir, chrome et acier brossé.

Grâce, en grande partie, à son châssis soudé à la main, la Drophead est non seulement l'un des cabriolets les plus rigides du monde, mais aussi l'un des plus sûrs. Le capot, la calandre et le cadre du pare-brise sont fabriqués en aluminium et en acier brossé. Pour éviter la corrosion, généralement inévitable lorsque ces deux métaux sont associés, les ingénieurs de Rolls-Royce étudièrent les DeLorean en acier inoxydable, construites 20 ans plus tôt, pour évaluer leur pérennité.

À l'avant, la voiture est équipée d'une suspension à double triangulation qui intègre un système hydraulique pour réduire les vibrations. À l'arrière, la suspension multibras repose sur les technologies antiplongée et anticabrage, qui améliorent le confort et assurent une conduite douce. Pour garantir la maniabilité de la voiture, le moteur, la boîte de vitesses et l'arbre de transmission sont placés le plus bas possible dans le châssis pour que le centre de gravité soit bas ; l'absence de toit accentue cela.

La Drophead Coupé est dotée d'un V12 Rolls-Royce de 6 749 cm³ qui développe 453 ch à 5 350 tr/min et un couple de 720 Nm à 3 500 tr/min. Rolls-Royce décrit comme « généreux » l'injection directe et le moteur à distribution variable, accouplé à une boîte automatique six vitesses. Avec le mot généreux, le constructeur évoque le 0-100 km/h en 5,9 s et les 240 km/h de vitesse maximale limitée électroniquement. Le freinage est assuré par de gros freins à disques ventilés intégrés dans un système de freinage sophistiqué qui implique un système ABS et une aide au freinage d'urgence.

Ce système d'urgence est associé à un système de contrôle de la stabilité qui offre une sensationnelle maîtrise du véhicule. La Drophead Coupé est donc loin d'être mauvaise sur la route mais la plupart des clients ne la choisissent pas pour ses performances pour autant. Ce sont plutôt son élégance, son luxueux habitacle et son extrême beauté qui attirent les acheteurs. L'objectif des concepteurs, largement atteint, était de proposer un cabriolet utilisable par tout temps tout aussi élégant et luxueux que les autres Rolls-Royce. Les concepteurs s'inspirèrent des

ROLLS-ROYCE PHANTOM DROPHEAD COUPÉ 2007

MOTEUR : V12 de 6 749 cm³

PUISSANCE MAXIMALE : 453 ch à 5 350 tr/min

COUPLE MAXIMAL : 720 Nm à 3 500 tr/min

VITESSE MAXIMALE : 240 km/h

ACCÉLÉRATION 0-100 KM/H : 5,9 s

TRANSMISSION : automatique 6 vitesses

LONGUEUR : 5,609 m

LARGEUR : 1,987 m

HAUTEUR : 1,581 m

EMPATTEMENT : 3,32 m

DATE DE PRODUCTION : depuis 2007

FREINS : à disque (AV et AR)

SUSPENSION : à double triangulation (AV), à multibras (AR)

JANTES : alliage, 21 pouces

PNEUS : 265/790 R540 (AV et AR)

beaux yachts de classe J de la Coupe de l'America des années 1930 ; c'est ainsi que, à l'instar d'un yacht, la Phantom Drophead Coupé est utilisable quelles que soient les conditions météorologiques. Les sièges avaient une surface lisse de sorte qu'en cas d'averse, ils pouvaient être essuyés. Des tapis en jonc de mer, très pratiques, recouvraient le sol. Pour être sûrs que la voiture résisterait à toutes les conditions, les ingénieurs de Rolls-Royce la testèrent dans la Vallée de la Mort (États-Unis) et dans le désert de Namib (Namibie) mais aussi en Scandinavie, où l'hiver est particulièrement rude. Bien évidemment, il est peu probable qu'une personne conduirait sous la pluie sans rabattre la capote cinq couches, mais le thème nautique est repris à l'arrière, sur le coffre de la capote, où un recouvrement en teck remplace le métal conventionnel.

Selon Rolls-Royce, même lorsque la capote est pliée, le coffre est suffisamment grand pour accueillir trois sacs de golf. Les heureux acheteurs de la Phantom Drophead Coupé peuvent choisir entre neuf couleurs de carrosserie, six couleurs de capote, dix couleurs de cuir intérieur et six types de vernis de bois. Étant donné que seules quelques centaines sont fabriquées chaque année, il est probable que chaque Drophead Coupé soit véritablement unique.

Rolls-Royce Phantom

BMW prit le contrôle du constructeur britannique Rolls-Royce Motor Cars Limited en juillet 1998 après une bataille judiciaire avec le groupe Volkswagen, qui pensait avoir acheté Bentley et Rolls-Royce au groupe Vickers. En réalité, les droits de Rolls-Royce étaient encore détenus par une autre entreprise, le constructeur de moteurs aéronautiques Rolls-Royce Aerospace. Volkswagen possédait donc Bentley et toutes les usines de production de la société en commandite par action, alors que BMW ne possédait que le droit d'utiliser le nom de Rolls-Royce.

BMW dut donc concevoir une nouvelle voiture et ouvrir une usine à Goodwood, dans le sud de l'Angleterre. En 2002, les premiers prototypes de voitures de série furent achevés et la Phantom fut lancée au Salon de l'automobile de Detroit en 2003.

Par son aspect, la voiture rappelait les célèbres Rolls-Royce du passé, en particulier les Phantom I et II des années 1930, la Silver Cloud des années 1950 et la Silver Shadow des années 1960. Ces voitures avaient en commun un grand empattement, un museau court, un pilier C proéminent, un capot énorme et une position presque accroupie, qui donnait l'impression que le véhicule accélérait même lorsqu'il était garé.

Ces éléments qui caractérisaient les anciennes Rolls-Royce ont été intégrés à la nouvelle Phantom, qui est aussi dotée du radiateur orné de la mascotte « The Spirit of Ecstasy » (« l'esprit d'extase »). L'habitacle est équipé des plus beaux cuirs, de cashmere et de délicates ébénisteries. Les portes arrière sont en ouverture antagoniste, ce qui rappelle les Rolls-Royce classiques du passé tout en permettant d'accéder plus facilement à l'arrière du véhicule.

Si le design et l'aspect de la Phantom sont inspirés du passé, la voiture est des plus modernes techniquement. Sa carrosserie est en aluminium léger, elle est équipée d'un moteur V12 développant une grande puissance et un couple élevé, de ressorts à air et d'amortisseurs électroniques associés à une suspension arrière multibras, d'un grand empattement et de pneus voyants qui favorisent une douceur et une maniabilité étonnamment bonnes pour une si grosse voiture. L'une des caractéristiques les plus impressionnantes de la Phantom est le fait qu'il s'agit d'une voiture de route. Son V12 de 6 749 cm³ à injection directe produit 453 ch à 5 350 tr/min et un couple de 720 Nm à 3 500 tr/min. Malgré son imposant poids de 2 485 kg, elle fait le 0-100 km/h en 6 s et a une vitesse maximale limitée électroniquement de 240 km/h. Néanmoins, malgré son potentiel, la dernière technologie de combustion – qui implique une distribution variable et une injection directe – permet à la Phantom de consommer exceptionnellement peu de carburant pour une voiture de luxe faisant un tel poids et une telle taille. En cycle extra urbain, elle consomme 9,17 l aux 100 km et en cycle combiné, elle consomme 13,16 l aux 100 km.

Lorsque la Rolls-Royce Phantom fut lancée, plusieurs détails garantissaient que personne ne douterait qu'il s'agissait bien d'une voiture spéciale. Par exemple, le Spirit of Ecstasy est électriquement rétractable, ce qui permet de le cacher lorsque la voiture est garée, le logo Rolls-Royce sur les jantes reste toujours orienté vers le haut et un parapluie est rangé dans chaque porte arrière.

Développée de A à Z, la Rolls-Royce Phantom est une merveille de design et d'ingénierie. Elle associe qualité, luxe et originalité avec le meilleur de la technologie moderne. Ce nouveau véhicule apporte beaucoup à l'une des plus célèbres marques de voitures du monde.

ROLLS-ROYCE PHANTOM 2008

- **MOTEUR :** V12 de 6 749 cm³
- **PUISSANCE MAXIMALE :** 453 ch à 5 350 tr/min
- **COUPLE MAXIMAL :** 720 Nm à 3 500 tr/min
- **VITESSE MAXIMALE :** 240 km/h
- **ACCÉLÉRATION 0-100 KM/H :** 5,8 s
- **TRANSMISSION :** automatique 6 vitesses
- **LONGUEUR :** 5,834 m
- **LARGEUR :** 1,99 m
- **HAUTEUR :** 1,60 m
- **EMPATTEMENT :** 3,57 m
- **DATE DE PRODUCTION :** depuis 2003
- **FREINS :** à disque (AV et AR)
- **SUSPENSION :** à double triangulation (AV), à multibras (AR)
- **JANTES :** alliage, 21 pouces
- **PNEUS :** 255/50 R-21 (AV), 285/45 R-21 (AR)

Spyker C8 Laviolette

La devise de l'entreprise néerlandaise Spyker est la formule latine *Nulla tenaci invia est via*, qui signifie « Pour les tenaces, aucune route n'est infranchissable ». L'entreprise, créée en 1880, produisit la Golden Carriage en 1889, voiture toujours utilisée par la famille royale hollandaise, ainsi qu'une gamme de voitures de route et de course – et des avions pendant la Première Guerre mondiale – jusqu'à ce qu'elle fasse faillite en 1926.

En 1999, Victor Muller, un riche homme d'affaires néerlandais, acquit les droits de la marque. Peu de temps après, l'entreprise avait refait surface, grâce à une série de supercars très performants. Elle lança alors l'équipe de course Spyker Squadron, qui participa à des événements d'endurance tels que les 24 Heures du Mans et les 12 Heures de Sebring. En 2006, elle acheta même l'équipe de Formule 1 Midland (anciennement Jordan), qui courut sous le nom de Spyker jusqu'à ce qu'elle soit revendue à Force India en 2008.

La première Spyker fut présentée en 2001 au Salon de l'automobile d'Amsterdam, où il fut évident qu'il s'agissait d'un nouveau type de supercar. Comme le reconnut Victor Muller, au même titre que personne n'a besoin d'un sac Louis Vuitton, personne n'a besoin de ce type de voiture et pourtant les gens veulent tout de même en acheter. La Spyker C8 Laviolette est le nec plus ultra en termes de luxe et de performance. D'immenses portes ciseaux s'ouvrant vers le haut et un opulent intérieur en cuir capitonné sont associés à des gadgets tels qu'un bouton de démarrage caché derrière un bouton rouge de sécurité (comme dans les avions de chasse). Le résultat est une voiture qui ne ressemble à aucune autre et est très appréciée au Moyen-Orient et chez les rappeurs et acteurs d'Hollywood.

Que l'on aime ou déteste le style outrancier de la voiture, il est indéniable qu'elle est irréprochable en termes d'ingénierie. Elle est dotée d'un châssis en aluminium, sur lequel sont fixés une carrosserie en aluminium et des suspensions type F1 ajustables ainsi que des absorbeurs de chocs Koni et d'impressionnants freins à disques ventilés. Le moteur V8 de 4,2 l en position centrale est équipé de pots d'échappement quatre en un en acier inoxydable de chaque côté. Il actionne les roues arrière via une boîte séquentielle ou manuelle six vitesses à travers un différentiel à glissement limité mécanique. L'ABS est standard, de même que le contrôle de traction ASR. Les performances de la voiture sont spectaculaires : elle fait le 0-100 km/h en 4,5 s et peut atteindre la vitesse de 301 km/h. Il est fréquent qu'une entreprise soit créée avec l'objectif de produire des supercars – souvent pour réaliser le rêve d'un homme. Mais Spyker est différente en ce que, en quelques années, elle a conçu une gamme complète de supercars. Seulement huit ans après le lancement de sa première voiture en 2001, Spyker offre, outre la C8 Laviolette « normale », la C8 Laviolette SWB à faible empattement,

le cabriolet C8 Spyder, un extraordinaire 4X4 baptisé D8 Peking-to-Paris et la merveilleuse C12 Zagato, dont seuls 24 exemplaires auront été construits et vendus au prix de 403 000 euros. La C12 Zagato, dotée d'un moteur V8 Audi de 5 998 cm^3 qui développe 500 ch et un couple de 610 Nm, fait le 0-100 km/h en 3,8 s et atteint la vitesse maximale de 314 km/h.

Une chose est sûre, la Spyker Laviolette a été conçue pour les amateurs de voiture les plus riches du monde. Lorsqu'ils ont effectué leur commande, d'un montant de 245 700 euros, les acquéreurs peuvent suivre la construction de leur voiture grâce à une webcam installée dans l'usine de Zeewolde en Hollande. Et tout en regardant la carrosserie en aluminium être montée avec soin, ils peuvent décider d'ajouter des options : une montre Chronoswiss Spyker sur laquelle est gravé le numéro de châssis de leur nouvelle voiture pour 28 000 euros, des bagages faits à la main pour 14 000 euros, voire une caisse à outils Louis Vuitton pour 3 000 euros.

SPYKER C8 LAVIOLETTE 2001

MOTEUR : V8 de 4 172 cm^3

PUISSANCE MAXIMALE : 400 ch à 7 000 tr/min

COUPLE MAXIMAL : 480 Nm à 7 500 tr/min

VITESSE MAXIMALE : 301 km/h

ACCÉLÉRATION 0-100 KM/H : 4,7 s

TRANSMISSION : séquentielle ou manuelle à 6 vitesses

LONGUEUR : 4,05 m

LARGEUR : 1,88 m

HAUTEUR : 1,245 m

EMPATTEMENT : 2,55 m

DATE DE PRODUCTION : depuis 2001

FREINS : à disque (AV et AR)

SUSPENSION : à double triangulation (AV et AR)

JANTES : alliage, 18 pouces

PNEUS : 225/40 ZR-18 (AV), 255/35 ZR-18 (AR)

AC Cobra 427

En 1961, AC Cars était un constructeur britannique bien établi qui fabriquait des voitures depuis 1904. Dès 1953, il construisit dans son usine de Thames Ditton les voitures de sport Ace. L'Ace, une biplace élégante, comprenait un moteur 2 l Bristol six cylindres en ligne droite, un moteur BMW datant d'avant la Seconde Guerre mondiale qui ne donnait plus entière satisfaction. Le châssis était d'une remarquable conception. Il consistait en un châssis-échelle rigide entouré de suspensions indépendantes pouvant supporter plus de puissance que n'offrait le moteur BMW/Bristol.

L'Américain Carroll Shelby avait participé à de nombreuses courses en Europe et avait remarqué le potentiel de l'Ace, à condition néanmoins de disposer de plus de puissance. Pour lui, la solution était un moteur V8. Il demanda donc au constructeur s'il pouvait fabriquer un modèle capable d'emporter un tel moteur. Il sollicita General Motors pour la fabrication d'un V8, qui équipait alors les Corvette, mais le constructeur refusa car, à l'époque, il ne s'intéressait pas aux courses automobiles. Ford, en revanche, accueillit Shelby à bras ouverts lui offrant son tout nouveau moteur petit-bloc V8 3,6 l.

Les ingénieurs d'AC Cars montèrent le nouveau V8 sans grande difficulté et, pour compenser l'accroissement du couple, ils le relièrent à un différentiel arrière Salisbury plus puissant. Ses freins à disque inboard étaient les mêmes que ceux utilisés sur la Jaguar E-Type. Les premiers prototypes furent achevés en 1962 et Shelby fut si impressionné qu'il exhorta AC de produire trois voitures. De son côté, Ford offrit un V8 4,2 l encore plus puissant récemment mis au point pour la berline Fairline.

La production commença véritablement en 1962. AC construisait les véhicules avant de les envoyer aux États-Unis où Shelby terminait la pose à Los Angeles. Soixante-quinze de ces Mark I AC Cobras furent construites avant que Ford n'augmente la cylindrée de son moteur à 4 736 cm³, qui fut ensuite monté sur la Cobra Mk II, construite à 500 exemplaires. C'est ce moteur qui permit à la Cobra de remporter de nombreuses courses aux États-Unis et dans le monde.

Deux ans plus tard, Shelby souhaita augmenter la puissance de ses véhicules. Heureusement, en 1965, Ford introduisit un énorme V8 7 l pour sa berline Galaxy, qui se retrouva bientôt sous le capot de l'AC Cobra. Cette Mark III Cobra – alors appelée 427 (soit la capacité de son moteur 6 997 cm^3 en pouces cubes) – développait, pour les versions courses, 425 ch à 6 000 tr/min. et 490 ch à 6 500 tr/min. Cette puissance supplémentaire entraîna des modifications importantes du châssis, de la boîte de vitesse à quatre rapports et même des jantes et des pneus. Il fallait tout renforcer et optimiser. Ce qui était à l'origine une voiture de sport raffinée et discrète avait désormais l'apparence d'un bolide. La 427 était un engin à l'agressivité animale exsudant une puissance qui se traduisait visuellement par des roues amples et des jantes largement évasées. Et ce n'était pas que du vent !

La vitesse maximale de la Mk III Cobra était de 266 km/h, accélérant de 0 à 100 km/h en 4,5 s et de 0 à 160 km/h en 10,3 s. Encore plus impressionnant fut le coupé à toit fermé, fabriqué pour les 24 Heures du Mans, chronométré à plus de 225 km/h sur l'autoroute M1 en Grande-Bretagne. Shelby reçut près de 300 Mk III Cobras expédiées d'Angleterre, dont 31 véhicules destinés à la compétition et qui furent adaptées et modifiées pour la route. Ces voitures S/C (Super/Compétition) font parties des Cobra les plus exceptionnelles.

Les dernières AC Cobra sortirent des chaînes en 1967. Si des modèles semblables ont depuis été fabriqués par AC et AutoKraft au Royaume-Uni, et même par Shelby lui-même aux États-Unis, la vraie Cobra est celle des années 1960, période pendant laquelle l'AC Cobra devint l'incarnation vivante de l'adage américain : « Rien ne remplace les pouces cubes. »

AC SHELBY COBRA 427 1965

MOTEUR : V8 6 997 cm^3

PUISSANCE MAXIMALE : 410 ch à 5 600 tr/min.

COUPLE MAXIMAL : 626 Nm à 2 800 tr/min.

VITESSE MAXIMALE : 266 km/h

ACCÉLÉRATION 0-100 KM/H : 4,5 s

TRANSMISSION : manuelle à 4 vitesses

LONGUEUR : 3,962 m

LARGEUR : 1,727 m

HAUTEUR : 1,245 m

EMPATTEMENT : 90 in/2,286 mm

DATE DE PRODUCTION : 1965-1967

FREINS : à disques (AV et AR)

SUSPENSION : triangle de longueur inégale (AV et AR)

JANTES : aluminium, 15 pouces

PNEUS : 185 x 15 (AV), 195 x 15 (AR)

Aston Martin DB5

ASTON MARTIN DB5 1963

MOTEUR : 3 995 cm³, six cylindres en ligne

PUISSANCE MAXIMALE : 282 ch à 5 500 tr/min

COUPLE MAXIMAL : 380 Nm à 4 500 tr/min

VITESSE MAXIMALE : 217 km/h

ACCÉLÉRATION 0-100 KM/H : 8,6 s

TRANSMISSION : manuelle à 5 vitesses

LONGUEUR : 4,572 m

LARGEUR : 1,676 m

HAUTEUR : 1,321 m

EMPATTEMENT : 2,489 m

DATE DE PRODUCTION : 1963-1965

FREINS : à disques (AV et AR)

SUSPENSION : triangle superposé (AV), essieu rigide (AR)

JANTES : aluminium, 15 pouces

PNEUS : 6.70x15

L'Aston Martin DB5 ressemblait beaucoup à son prédécesseur, la DB4, et, pendant les deux ans de sa production, 1 033 exemplaires furent construits. Pourtant, en 2006, lors d'une vente aux enchères, un des modèles partit pour la coquette somme de 1,5 million d'euros. C'est le pouvoir d'Hollywood ! En effet, ce qui assura avant tout la notoriété de la DB5 fut son apparition dans plusieurs films de James Bond, en particulier *Goldfinger*, dans lesquels le bolide modifié de l'agent 007 disposait de plaques minéralogiques escamotables, de mitrailleuses embarquées, d'un écran pare-balles arrière et même d'un siège éjectable.

Aujourd'hui encore, la DB5 se monnaye pour des sommes faramineuses, ce qui n'est pas si mal pour une voiture qui, en 1963, coûtait 4 800 euros (5 190 euros pour la décapotable). Aston Martin réalisa un coup de génie en faisant apparaître son modèle dans *Goldfinger*, même si son propriétaire, David Brown (d'où les initiales du modèle), doutait de la pertinence de louer son véhicule aux producteurs du film. Aston venait de quitter la compétition et la DB5 était une chance providentielle de faire de l'Aston Martin une marque prestigieuse de routière.

La DB5 était très proche de la DB4, avec qui elle partageait sa plate-forme en acier embouti, son empattement et son moteur DOHC (double arbre à came) six cylindres. La cylindrée était en revanche passée de 3 670 cm³ à 3 995 cm³ et la puissance fut augmentée à 282 ch à 5 500 tr/min. Son couple maximal atteignait désormais 380 Nm à 4 500 tr/min. Parmi les autres améliorations, citons l'adoption de l'alternateur, des freins à disque Girling plus performants à la place des Dunlop, une lunette arrière Sundym, des vitres électriques et un manomètre d'huile, des améliorations qui devinrent ensuite des équipements standards. Sans être remarquable, les performances de la DB5 étaient satisfaisantes pour l'époque : l'engin faisait le 0-100 km/h en 8,6 s et atteignait 217 km/h.

Lors du lancement du modèle en 1963, les acheteurs pouvaient choisir entre une boîte à vitesse manuelle à quatre rapports (avec surmultiplication électrique en option) ou une boîte automatique Borg Warner à trois rapports. Il existait, également en option, des modèles équipés d'une boîte manuelle ZF à 5 rapports qui, l'année suivante, devint un équipement de base à la place de l'ancienne boîte à quatre rapports. En 1964, le modèle Vantage fut présenté. Sa puissance était largement accrue grâce aux trois carburateurs Weber à double corps, ce qui permettait au véhicule de dégager une puissance maximale de 325 ch à 5 500 tr/min et un couple maximal de 390 Nm à 3 850 tr/min.

Il existait des carrosseries spécialement conçues selon le modèle, berline ou décapotable, cette dernière ayant en option un toit en acier amovible. Les carrosseries étaient fabriquées dans l'usine d'Aston Martin, à Newport Pagnell dans le Buckinghamshire, mais étaient sous licence de Touring, en Italie, dont le nouveau procédé de conception de la structure des automobiles appelé Superleggera (« super léger » en italien) permettait de fixer des panneaux de carrosserie en aluminium sur une structure tubulaire légère. C'est ce qui permit de construire l'un des coupés les plus élégants jamais conçus.

C'est ainsi que, régulièrement, le public élisait la DB5 comme voiture britannique la plus emblématique et la plus élégante jamais créée.

L'habitacle de l'Aston Martin est fait de bois, de moquette et de cuir, qui rappellent la décoration des clubs privés anglais. La voiture donne pourtant l'impression de simplicité tout en mettant en avant ses atouts luxueux. Les autres caractéristiques de la voiture sont ses suspensions à double triangulation à l'avant et à essieu rigide à l'arrière, une direction à crémaillère et des freins à disque sur les quatre roues. Malgré tout son charme, à partir de 1964, la DB5 commençait à souffrir de vieillissement. La climatisation en option était plutôt onéreuse (plus de 370 euros). Conduire l'engin était fatiguant car la direction et les pédales demandaient beaucoup d'efforts. En outre, le modèle était devenu lourd et fut vite surpassé par la Jaguar E-Type, qui coûtait moitié moins chère à l'achat. Ces problèmes, ainsi que d'autres, allaient trouver une solution avec la DB6 (1965-1970). Entre-temps, 898 coupés, 123 décapotables et 12 très rares Shooting Breaks sortirent des chaînes de montage.

Aston Martin V8 Vantage

L'Aston Martin V8 Vantage fut présentée pour la première fois comme concept car au Salon de l'automobile de Genève de 2003. Elle fut si bien accueillie que, deux ans plus tard, une voiture de série était exposée dans le même salon. Comme toutes les Aston portant le nom de Vantage, il s'agit d'un modèle haute performance. Au cœur du véhicule se trouve un moteur V8 tout en aluminium combinant puissance élevée (380 ch) et faibles émissions.
Le moteur de 4,3 l a été assemblé méticuleusement à la main à l'usine Aston Martin de Cologne, en Allemagne.

Avant que le véhicule ne soit commercialisé, 78 prototypes ont été testés sur 1 700 000 km. Des essais à haute vitesse furent menés sur la piste d'essai de Nardo en Italie. Des tests intensifs ont aussi été conduits sur le complexe de Nürburgring à Nordschleife, en Allemagne. Les performances sont remarquables : 0-100 km/h en 4,7 s et vitesse maximale de 282 km/h. Le prix est tout aussi remarquable : 91 000 euros en 2006, soit beaucoup moins que la DB9 ou le fleuron du constructeur, l'Aston Martin Vanquish. Lors du lancement de la voiture, le groupe déclara espérer vendre environ 3 000 exemplaires par an mais l'engouement pour l'engin fut si grand qu'en deux ans, le constructeur en céda plus de 10 000.

Le moteur de la V8 Vantage est monté à l'avant et connecté à la transmission arrière et sa boîte de vitesse six rapports par un tube et un arbre de transmission en fibre de carbone. Cela se traduit par une distribution du poids 49/51. La réduction du poids est presque devenue une obsession pour la conception de la V8 Vantage. Son châssis est en aluminium extrudé, les pièces sont dimensionnées et pressées avec précision, le sous-châssis est collé ou riveté selon des techniques en vigueur dans l'aérospatiale. Cette architecture VH (Verticale-Horizontale) forme une colonne vertébrale robuste alors que l'utilisation d'aluminium, de magnésium et de matériaux composites modernes pour la carrosserie contribue également à alléger le véhicule tout en renforçant sa rigidité.

À la différence d'autres modèles d'Aston Martin, la V8 Vantage permet de loger des bagages derrière le siège du conducteur et la banquette arrière est accessible par un hayon. Les propriétaires de ces engins peuvent personnaliser leur voiture grâce à de nombreuses options.

ASTON MARTIN V8 VANTAGE 2005

MOTEUR : V8 de 4 280 cm³

PUISSANCE MAXIMALE : 380 ch à 7 000 tr/min

COUPLE MAXIMAL : 410 Nm à 5 000 tr/min

VITESSE MAXIMALE : 282 km/h

ACCÉLÉRATION 0-100 KM/H : 4,7 s

TRANSMISSION : manuelle à 6 vitesses

LONGUEUR : 4,683 m

LARGEUR : 1,866 m

HAUTEUR : 1,255 m

EMPATTEMENT : 2,600 m

DATE DE PRODUCTION : depuis 2005

FREINS : à disques (AV et AR)

SUSPENSION : double triangulation superposé (AV et AR)

JANTES : aluminium, 18 pouces

PNEUS : 235/45 ZR-18 (AV), 275/40 ZR-18 (AR)

Peu après le lancement du coupé V8 Vantage, le constructeur mit sur le marché un Roadster décapotable. Pour compenser la réduction de rigidité du véhicule due à l'absence de toit, une traverse a été ajoutée sur le châssis et ces 91 kg supplémentaires affectent à peine les performances de la voiture : vitesse maximale 282 km/h comme celle du coupé et accélération légèrement inférieure (0-100 km/h en 4,9 s). Pour satisfaire les amateurs de puissance, Aston Martin offrit différents forfaits pour améliorer les suspensions et l'aérodynamisme. Puis, en 2007, une édition spéciale V8 Roadster N400 fut lancée pour célébrer les succès du groupe. Elle offrait une puissance de 400 ch, des roues en graphite et des suspensions améliorées. Elle était vendue en trois coloris : noir, argent et orange.

Toute la série fut revalorisée en 2008 avec un moteur de 4 700 cm³ qui permit d'augmenter la puissance à 420 ch et un couple maximal de 470 Nm. De plus, une boîte de vitesse semi-automatique de type Sportshift remplaçait la boîte manuelle, les suspensions furent renforcées et les jantes à 20 rayons furent introduites. Cela permit de faire passer la vitesse maximale à 290 km/h en améliorant légèrement l'accélération et, surtout, les modèles bénéficièrent d'une augmentation salutaire du couple moyen, rendant plus aisée la conduite sur route sinueuse.

Toutefois l'Aston Martin V8 Vantage offre plus que de la simple performance. S'il y a une liste d'attente de trois ans pour obtenir cette voiture, c'est qu'elle est tout simplement fantastique. Ses rivales, comme la Porsche 911 et l'Audi R8 battent sans aucun doute la Vantage pour la vitesse mais aucune des deux ne lui arrive à la cheville pour ce qui est de l'élégance et de la beauté.

Audi Quattro

« Gagner dimanche pour vendre lundi » est un adage qu'on entend parfois pour justifier une saison de sport mécanique coûteuse. On estime qu'une voiture ou qu'une marque victorieuse sur un circuit aura des répercussions dont bénéficieront tous les modèles du même constructeur dans les magasins d'exposition et, par conséquent, permettra d'augmenter les ventes. Une autre raison qui justifie le sport mécanique est que les développements technologiques des voitures de course ont un impact bénéfique sur les modèles en série et permettent de les améliorer.

Il y a du vrai dans chacun des arguments, en particulier pour l'Audi quattro (jamais de majuscule au « q » !), mise au point pour profiter des nouvelles régulations internationales en matière de rallyes autorisant pour la première fois en 1980 les quatre roues motrices.

C'est Ferdinand Piëch (petit-neveu de Ferdinand Porsche) qui se retrouva en charge du développement. Il était entré chez Audi après avoir conçu la légendaire voiture de course Porsche 917. Le génie de Piëch apparaît dans la création d'un véhicule capable de remporter les plus grandes courses mondiales tout en maintenant les coûts de conception et de fabrication à un faible niveau grâce à l'utilisation de pièces existantes provenant des différents modèles Audi. Le point de départ fut l'Audi 80 Coupé, qui prêta sa carrosserie, son intérieur et ses suspensions avant, tandis que la berline Audi 200 5T partagea son moteur 2 144 cm^3 à cinq cylindres muni d'un turbocompresseur qui enregistrait 200 ch à 5 500 tr/min. Piëch rassembla toutes ces pièces et créa un coupé racé qui fit sensation lors du Salon automobile de Genève en 1980.

Mais l'intérêt réel se trouvait en fait sous le véhicule. Le système de transmission intégrale provenait de pièces des stocks de maintenance de l'entreprise Volkswagen, dans le cas présent, une automobile retirée de la circulation, appelé Iltis, que Volkswagen avait initialement développé pour l'armée allemande. Grâce au système de transmission intégrale permanente, le rapport avant/arrière pouvait changer selon les conditions routières.

AUDI QUATTRO 1980

MOTEUR : 2 144 cm³, cinq cylindres en ligne

PUISSANCE MAXIMALE : 200 ch à 5 500 tr/min

COUPLE MAXIMAL : 285 Nm à 3 500 tr/min

VITESSE MAXIMALE : 220 km/h

ACCÉLÉRATION 0-100 KM/H : 7,1 s

TRANSMISSION : manuelle à 5 vitesses

LONGUEUR : 4,404 m

LARGEUR : 1,722 m

HAUTEUR : 1,346 m

EMPATTEMENT : 2,522 m

DATE DE PRODUCTION : 1980-1991

FREINS : à disques (AV et AR)

SUSPENSION : Pseudo McPherson, barre stabilisatrice (AV et AR)

JANTES : aluminium, 15 pouces

PNEUS : 205/60 VR-15 (AV et AR)

La voiture fut la révélation du Championnat du monde de rallye de 1980, en remportant plusieurs victoires lors de sa première saison. Elle fit encore plus parler d'elle lorsque Michèle Mouton devint la première femme pilote à remporter un titre du championnat. Après quelques modifications, l'Audi fit encore mieux : elle remporta le Championnat du monde des constructeurs en 1982 et 1984, tandis que Hannu Mikkola et Stig Blomqvist sur quattro remportèrent respectivement le titre de Champions du monde de rallye en 1983 et 1984. Sur route, la quattro fit également forte impression. Sur le papier sa performance ne lui permettait pas d'entrer dans la ligue des champions – elle faisait le 0-100 km/h en 7,1 s et affichait une vitesse maximale de 220 km/h – elle avait néanmoins une telle traction, en particulier par mauvais temps, quelle pouvait être conduite nerveusement en toute sécurité même par des conducteurs peu expérimentés. La quattro fut produite jusqu'en 1991, date à laquelle 11 452 exemplaires étaient sortis des usines. Durant ces 11 années, la carrosserie était largement restée inchangée, même si le moteur passa à 2 200 cm³ en 1987, accroissant sa puissance à 2 220 ch et sa vitesse maximale à 230 km/h. Dans le même temps, le différentiel central manuel

fut remplacé par un système Torsen automatique. En rallye, la quattro remporta 21 Championnats du monde avant de dominer les autres courses, comme la course de côte Pike's Peak en 1986 et 1987.

Mais l'emblème du constructeur fut sans aucun doute la Sport quattro, une version raccourcie pour les rallyes de groupe B datant de 1984. Seule une poignée de ces bolides, dont la carrosserie comportait des éléments en kevlar, fut produite en série. Sa puissance était de 306 ch avec une accélération de 0 à 100 km/h en 5 s et une vitesse maximale de 241 km/h. La quattro d'origine remporta un tel succès que toutes les Audi à transmission intégrale sont désormais appelées « quattro » (mot qui, en italien, signifie « quatre »). Quant à Ferdinand Piëch, l'ingénieur de la quattro, il devint le directeur du groupe Volkswagen, qui s'agrandit avec les acquisitions de Lamborghini, Bentley et Bugatti.

Audi R8

En 2003, au Salon automobile de Francfort, en Allemagne, l'attraction du stand Audi fut la voiture concept Audi Le Mans, une biplace commémorant la récente victoire d'Audi aux 24 Heures du Mans. Trois ans plus tard, le concept devint réalité et l'Audi R8 fut présentée lors du Salon automobile de Paris de 2006.

L'héritage du modèle ne fait aucun doute et, fort à propos, il fut dévoilé par les vainqueurs des 24 Heures du Mans Tom Kristensen et Jacky Ickx.

L'objectif audacieux d'Audi était que la R8 devait, dès le départ, être capable de concurrencer les Porsche 911 et les Aston Martin V8 Vantage. Un plan ambitieux donc, mais ce genre de défis stimule Audi. Tout le savoir acquis lors des courses d'endurance, en particulier aux 24 Heures du Mans, fut mis au service de la R8. Le nouveau modèle possède un châssis monocoque aluminium Space Frame allégé, un moteur V8 atmosphérique en aluminium à injection directe et une transmission intégrale permanente. La voiture existe en deux modèles de boîtes de vitesses : une manuelle à six rapports et une séquentielle Audi R-tronic utilisant des actionneurs électro-hydrauliques (palettes) situés sur le volant, avec, tradition oblige, une base plate.

La puissance était fournie par un moteur sensiblement identique à celui monté sur l'Audi RS 4, avec lubrification à carter sec en position centrale arrière et un centre de gravité le plus bas possible. Le V8 à 32 soupapes développe 414 ch à 7 800 tr/min et 430 Nm de couple à 3 500 tr/min. Ce qui se traduit par une accélération

AUDI R8 2006

MOTEUR : V8 de 4 163 cm^3

PUISSANCE MAXIMALE : 414 ch à 7 800 tr/min

COUPLE MAXIMAL : 430 Nm à 3 500 tr/min

VITESSE MAXIMALE : 301 km/h

ACCÉLÉRATION 0-100 KM/H : 4,6 s

TRANSMISSION : manuelle ou semi-automatique à 6 vitesses

LONGUEUR : 4,431 m

LARGEUR : 1,904 m

HAUTEUR : 1,249 m

EMPATTEMENT : 2,650 m

DATE DE PRODUCTION : depuis 2006

FREINS : à disques (AV et AR)

SUSPENSION : double triangulation superposé (AV et AR)

JANTES : aluminium, 19 pouces

PNEUS : 235/35 ZR-19 (AV), 295/30 ZR-19 (AR)

commercial sans précédent, Audi refusa de se reposer sur ses lauriers et continua à perfectionner l'engin. D'abord, le constructeur mit au point un moteur V10 augmentant nettement la puissance et les performances. Le moteur, un dérivé du V10 de la Lamborghini Gallardo, a une capacité de 5 204 cm^3, une puissance de 525 ch à 8 000 tr/min et 530 Nm de couple. Son accélération de 0 à 100 km/h tombe à seulement 3,9 s et sa vitesse maximale atteint 322 km/h.

Et, comme si cela ne suffisait pas, lors du Salon 2008 de Détroit, Audi présenta une R8 TDI Le Mans Concept, avec un moteur V12 diesel de 6 l de 493 ch et un impressionnant 1 000 Nm de couple. Le modèle semble encore plus agressif que la classique R8 car, en raison des contraintes de refroidissement, le toit comporte un conduit NACA. Malheureusement, le constructeur a estimé que le coût des modifications à apporter au véhicule pour pouvoir monter un V12 était trop élevé pour un bon retour sur investissement. Ainsi, ce qui aurait pu être la première sportive diesel ne fut jamais produite en série.

de 0 à 100 km/h en 4,6 s et une vitesse maximale de 301 km/h, ce qui, comme le prévoyait Audi, en fait un véhicule tout à fait comparable à la Porsche 911 ou l'Aston V8 Vantage.

Avec un prix de vente de 89 330 euros à son lancement en l'été 2007, l'Audi R8 coûte un petit peu plus cher que la 911 (83 763 euros) mais moins que l'Aston (96 354 euros). En outre, elle offre quelques avantages sur ses deux rivales. Tout d'abord, son châssis et son plancher sont dérivés de la Lamborghini Gallardo, une sérieuse référence en la matière. En outre, elle dispose d'une transmission intégrale permanente pour une traction et une adhérence maximales. Elle est équipée de suspensions Magnetic Ride, qui peuvent passer du mode confort au mode sport en un instant afin d'améliorer encore plus son adhérence à vitesse élevée. C'est un système utilisé également sur la Chevrolet Corvette et la Ferrari 599.

La carrosserie de l'Audi est basse, large et longue. Son design s'est imposé en raison des contraintes aérodynamiques. Elle a donc de grandes prises d'air sous les phares avant et sous les feux arrière. En outre, elle possède des ouvertures diffuseurs de grande taille et un béquet qui se soulève à haute vitesse pour améliorer l'aérodynamisme. Dès sa commercialisation, la R8 fut si demandée que les acheteurs étaient disposés à payer un supplément pour acquérir leur voiture. En dépit de ce succès

Bentley Continental Supersports

L'usine actuelle de Bentley, à Crewe au Royaume-Uni, a subi de nombreux changements depuis l'époque où elle produisait les moteurs d'avion Merlin qui équipaient les Spitfire lors de la Seconde Guerre mondiale. La construction de voitures de luxe reprit après la guerre. Pourtant l'expertise exigée pour le travail du bois et du cuir sur les intérieurs, voire pour la fabrication sur mesure des moteurs V8, vint restreindre la quantité de modèles produits. Au début des années 2000, seul un millier de Bentley sortait de l'usine chaque année ; à partir de 2008, 10 000 exemplaires étaient assemblés sur le site.

Ce succès fut provoqué par le modèle Continental GT, lancé en 2003, qui était plus petit, plus léger et moins onéreux que les autres Bentley. De nombreuses pièces venaient des stocks de maintenance du groupe Volkswagen, le plancher et le moteur de la VW Phaeton notamment. Mais pour ce qui est de son style et de la fluidité de sa puissance, l'engin était sans conteste une Bentley. On peut affirmer sans exagérer que la Continental GT a transformé le destin de Bentley. À la différence du V18 de la Bentley V8, le moteur de la Continental GT est un V12 6 l à double turbo d'une puissance de 560 ch à 6 100 tr/min et de 650 Nm de couple à 1 500 tr/min. Le véhicule affiche une vitesse de 317 km/h et fait le 0-100 km/h en 4,7 s. Autre innovation pour Bentley : la transmission intégrale permanente qui équipe la Continental et la transmission électronique à six vitesses. Le style unique de la GT est l'œuvre du designer belge de Bentley, Dirk van Braeckel.

La Continental GT connut un succès commercial immédiat. Mais, au lieu d'en rester là, Bentley se lança dans la foulée dans un programme de développement en proposant la Flying Spur en 2005, la décapotable GTC en 2006 et une GT encore plus puissante en 2007. La vitesse maximale de cette dernière passa à 325 km/h (pour la première fois, une Bentley passait la barre des 322 km/h) pour une accélération de 0 à 100 km/h en 4,3 s. Mais il y a plus ! Au début de l'année 2008, Bentley annonça l'arrivée de la Continental Supersports, la Bentley la plus rapide et la plus puissante jamais construite. C'est également la première Bentley

BENTLEY CONTINENTAL GT SUPERSPORTS 2009

MOTEUR : W12 de 5 998 cm³

PUISSANCE MAXIMALE : 621 ch à 6 000 tr/min

COUPLE MAXIMAL : 800 Nm à 1 700 tr/min

VITESSE MAXIMALE : 328 km/h

ACCÉLÉRATION 0-100 KM/H : 3,9 s

TRANSMISSION : automatique à 6 vitesses

LONGUEUR : 4,804 m

LARGEUR : 2,194 m

HAUTEUR : 1,380 m

EMPATTEMENT : 2,745 m

DATE DE PRODUCTION : depuis 2009

FREINS : à disques (AV et AR)

SUSPENSION : double triangulation superposé (AV), essieu multibras (AR)

JANTES : aluminium, 20 pouces

PNEUS : 275/35 X-20 (AV et AR)

capable de rouler à l'essence ou au biocarburant. La Supersports fut conçue pour examiner les moyens de réduire le poids total de la GT, mais elle passa rapidement au stage de nouveau programme de développement automobile avec des résultats spectaculaires. Grâce à un accroissement de la puissance du W12, à 621 ch, et une nouvelle transmission Quickshift qui divise par deux le temps de passage des rapports, la Supersports se taille de nouveaux exploits : une accélération de 0 à 100 km/h en 3,9 s et une vitesse maximale de 328 km/h.

Pour justifier son appellation de « Supersports », le dernier fleuron de Continental GT offre un châssis et des suspensions améliorés, une direction modernisée, des amortisseurs plus fermes et des barres stabilisatrices. La voie arrière est élargie (c'est pour cela que les ailes arrière sont plus évasées) et le tout est assorti de nouvelles jantes en aluminium de 20 pouces et d'un Electronic Stability Programme (ESP, équipement de sécurité active destiné à améliorer le contrôle de trajectoire). Des freins en carbone-céramique sont montés sur tous les modèles – c'est l'une des parties du véhicule que les ingénieurs ont réussi à alléger, parvenant au total à économiser 110 kg. Le design est plus radical que jamais avec deux nouvelles prises d'air verticales et deux ouvertures sur le capot. Les calandres extérieures, les montures des phares et le tour des vitres sont en acier fumé. L'habitacle a aussi subi des modifications ; les finitions en fibre de carbone et en Alcantara lui donnent une allure sportive tout en économisant du poids. La caractéristique fondamentale de la Continental GT Supersports est son style, en d'autres termes la plus rapide et la plus radicale des Bentley.

Quant au nom « Supersports », il est dérivé de la toute première biplace introduite en 1925, elle-même découlant de la Speed 3 l. La Supersports légère de 85 ch fut le premier modèle de Bently à atteindre les 161 km/h et acquit sa notoriété grâce aux dernières avancées technologiques mises au point lors des 24 Heures du Mans.

BMW M1

Le « supercar » M1 à moteur central de BMW fut conçu dans les années 1970 en vue de l'obtention d'une homologation spéciale pour concourir en groupe 4 et 5. Elle deviendrait la première voiture de sport de la classe M et la première avec un moteur central.

Paradoxalement, le potentiel de puissance de l'engin ne fut jamais vraiment testé sur des circuits. BMW se concentra en effet sur la F1 avant même la finalisation de la M1. En 1979 et 1980 fut institué un championnat de M1 Procar ; ce fut le seul intérêt que le constructeur témoigna à la M1. Entre 1978 et 1991, 455 M1 furent construites et seules 56 étaient des voitures de course.

La M1 était un pari sur l'avenir pour BMW, qui construisait traditionnellement des voitures avec moteur à l'avant et roues arrière motrices – même si, en 1972, le constructeur avait mis au point un concept car avec moteur central appelé BMW Turbo. À l'origine, seul le moteur de la M1 avait été conçu par BMW. Il s'agissait d'un moteur 3 453 cm³ six cylindres en ligne d'une puissance de 277 ch à 6 500 tr/min et de 329 Nm de couple à 5 000 tr/min. Le design était l'œuvre de Giugiaro, d'Ital Design ; la conception du châssis et sa construction furent initialement sous-traitées à Lamborghini, mais les problèmes financiers de l'entreprise contraignirent BMW à confier l'assemblage final au constructeur d'autobus allemand Baur. Le moteur était monté derrière le siège du pilote, qui actionnait les roues arrière grâce à une transmission à cinq rapports comprenant un différentiel à patinage contrôlé. Les suspensions indépendantes comprenaient à l'avant et à l'arrière des ressorts hélicoïdaux et des triangles superposés, avec d'imposants freins à disque autour.

Les performances du véhicule étaient remarquables : 0-100 km/h en 5,6 s et vitesse maximale de 261 km/h – des temps que seuls quelques rivaux, comme la Ferrari Boxer ou la Lamborghini Countach se permettaient de dépasser. Le châssis conçu à l'origine par Lamborghini rendit d'immenses services : la M1 avait une adhérence et une tenue de route exceptionnelles, et des freins puissants.

Cet engin était fait pour la compétition, et l'on retrouvait ce pedigree dans les routières. Les voitures des clients étaient bien équipées, avec des sièges parfaitement adaptés, des tapisseries intérieures, des vitres électriques et même de l'air conditionné. Le moteur fournissait sans difficulté une puissance de 277 ch (le même moteur était de 470 ch pour les voitures de course du groupe 4 avant d'être modifié avec un turbo et réalésé pour fournir une puissance de 850 ch en préparation groupe 5). En outre, la M1 disposait d'une excellente traction et était facile à conduire, fiable et plutôt pratique. À forte puissance, le son du moteur se faisait clairement entendre dans l'habitacle car il était positionné juste derrière le siège du conducteur, mais, en conduite souple, la M1 redevenait civilisée, voire raffinée. De plus, et dans la plus pure tradition BMW, elle était parfaitement conçue ; on ne pouvait pas

en dire autant de certaines des sportives italiennes développées à cette époque. Il fallut attendre la NSX de Honda pour qu'on puisse trouver une voiture aussi simple à manier. À l'époque, certains observateurs affirmaient que la M1 n'était pas l'exemple le plus représentatif du designer Giorgetto Giugiaro. Il est vrai que la voiture n'est pas aussi radicale que certaines de ses contemporaines comme la Lamborghini Countach, mais le fait est que BMW imposait certaines contraintes parmi lesquelles, et non des moindres, que le véhicule devait comporter la double calandre en forme de rein représentative de son logo et utiliser des feux arrière venant de ses stocks. Néanmoins, son design pur et élégant a résisté à l'épreuve du temps.

BMW M1 1978

MOTEUR : 3 453 cm³, six cylindres en ligne

PUISSANCE MAXIMALE : 277 ch à 6 500 tr/min

COUPLE MAXIMAL : 329 Nm à 5 000 tr/min

VITESSE MAXIMALE : 261 km/h

ACCÉLÉRATION 0-100 KM/H : 5,6 s

TRANSMISSION : manuelle à 5 vitesses

LONGUEUR : 4,360 m

LARGEUR : 1,824 m

HAUTEUR : 1,140 m

EMPATTEMENT : 2,560 m

DATE DE PRODUCTION : 1978-1981

FREINS : à disques (AV et AR)

SUSPENSION : triangle superposé (AV et AR)

JANTES : acier, 16 pouces

PNEUS : 205/55 VR-16 (AV), 205/50 VR-16 (AR)

BMW M3 CSL

BMW M3 CSL 2003

MOTEUR : 3 246 cm³, six cylindres en ligne

PUISSANCE MAXIMALE : 360 ch à 7 900 tr/min

COUPLE MAXIMAL : 370 Nm à 4 900 tr/min

VITESSE MAXIMALE : 249 km/h

ACCÉLÉRATION 0-100 KM/H : 4,9 s

TRANSMISSION : manuelle à 6 vitesses

LONGUEUR : 4,492 m

LARGEUR : 1,780 m

HAUTEUR : 1,365 m

EMPATTEMENT : 2,729 m

DATE DE PRODUCTION : depuis 2003

FREINS : à disques (AV et AR)

SUSPENSION : barres stabilisatrice (AV), multibras (AR)

JANTES : aluminium, 19 pouces

PNEUS : 235/35 ZR-19 (AV), 265/30 ZR-19 (AR)

Chez BMW, les lettres « CSL » (Coupé, Sports et Lightweight) ne sont attribuées qu'à quelques modèles. Les premières CSL sont apparues en 1938 sur la 328 Mille Miglia Coupé dont la carrosserie était en aluminium. Dans les années 1970, une nouvelle CSL vit le jour, dérivée de la Coupé 3 000 cm³. En 2001, c'est la voiture concept BMW M3 qui se vit gratifier des trois lettres. Elle fut suivie deux ans après par une production en série limitée.

La tâche à laquelle étaient confrontés les ingénieurs de BMW était de perfectionner le modèle de la BMW M3, qui était déjà l'une des berlines compactes du marché les plus rapides et les plus maniables. Il fallait tout d'abord réduire le poids du véhicule. Quand cela était possible, les pièces en acier furent remplacées par du plastique en fibre carbone renforcé, comme celui utilisé à l'époque sur les F1. On en trouve sur le toit, le pare-chocs avant et dans les bouches d'aération. Le coffre est en SMC, un plastique renforcé pour le moulage et comprend un béquet intégré.

Le moteur est un six cylindres en ligne, avec une nouvelle admission d'air en fibre de carbone, des collecteurs plus larges, des arbres à came refaits et des soupapes d'échappement modifiées pour améliorer le flux des gaz d'échappement dans un pot plus léger. Les chiffres bruts sont 360 ch à 7 900 tr/min et 370 Nm de couple à 4 900 tr/min. Le moteur est couplé à une boîte de vitesse M séquentielle avec la technologie Drivelogic, dérivée une fois encore de la technologie utilisée en F1 et qui permet de passer les rapports en seulement 0,08 s. Le véhicule peut être conduit en mode automatique ou en mode manuel en pressant des palettes sur la direction. La transmission comprend une sorte de « contrôle de lancement », qui garantit une accélération optimale quand le système Drivelogic passe les rapports au point optimum avant que le moteur n'atteigne sa limite de régime. Parmi les autres modifications, citons des suspensions révisées, une amélioration des freins à disque ventilés, une crémaillère plus rapide et de nouvelles jantes en aluminium allégé de 19 pouces permettant de réduire un peu plus le poids non suspendu.

Sur le papier, les effets de ces modifications ne semblent pas importants : 110 kg sont significatifs, mais pas révolutionnaires pour autant. La puissance est passée de 343 ch sur le modèle standard de la M3 à 360 ch,

et le 0-100 km/h de 4,9 s est légèrement plus rapide. La vitesse maximale, comme pour la plupart des BMW, est électroniquement limitée à 249 km/h et reste donc la même que celle de la M3. Mais on peut avoir une idée des capacités de la M3 CSL quand on sait que, pour la production d'une voiture de course, BMW désactive cette limite électronique de vitesse.

Assis dans un siège conçu pour empêcher le ballottement malgré une accélération latérale de 1,5 G, on comprend que la M3 CSL est spécialement puissante. La première tâche consiste à sélectionner les boutons pour choisir la vitesse de passage des rapports, la précision de la réponse de la manette des gaz et, peut-être, désarmer le système de contrôle de stabilité. Il existe un autre bouton pour programmer la voiture en mode course, parce qu'il est impossible de tester les capacités de l'engin sur des routes normales, d'autant que les suspensions sont si fermes que le bolide tend à rebondir sur les déformations de la chaussée plutôt que les absorber. Sur circuit, la CSL se réveille et, malgré cette faible augmentation de la puissance et réduction du poids, elle est radicalement plus rapide que la M3 standard. Lorsque BMW a testé la CSL sur le circuit du Nürburgring, le temps intermédiaire était de 30 s de moins que celui de la M3 normale. Cela s'explique par le fait que la M3 CSL peut prendre des virages et s'arrêter plus rapidement quand le pilote appuie sur la pédale de freins. C'est là la différence entre la M et la M3 CSL : si la première est une routière polyvalente, la seconde est une sportive intransigeante. Autre différence : le prix. À 68 700 euros, la M3 CSL coûte 21 900 euros de moins que la M3 lors de sa sortie en 2003.

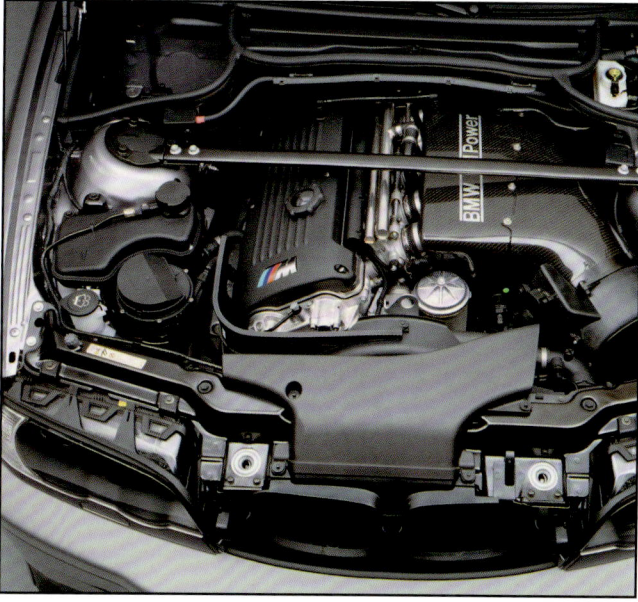

Chevrolet Corvette ZR-1

Dans l'histoire de l'automobile américaine, la Corvette est une légende vivante. Commercialisée comme sportive abordable pour les jeunes adultes, la première Corvette à carrosserie en plastique fut lancée en 1953 et sa production ne s'est jamais arrêtée depuis. La ZR1 est également un nom célèbre dans l'histoire de la Corvette, et le premier modèle suralimenté a rejoint la lignée des Corvette en 1990. La toute dernière Corvette, la Z06, fut commercialisée à l'été 2004, et la ZR1 fut lancée comme modèle 2009. Pour les fans de voitures de sport, cela valait le coup d'attendre car c'est une créature tout à fait extraordinaire.

Son V8 suralimenté a une cylindrée de 6 162 cm^3 et développe 638 ch à 6 500 tr/min et 819 Nm de couple à 3 800 tr/min. Cela en fait le modèle de Corvette le plus puissant jamais conçu. C'est aussi le plus cher : 82 570 euros lors de son lancement. Le prix est sans doute justifié par le fait que les performances et les caractéristiques de la ZR1 sont en réalité celles d'une sportive exotique deux ou trois fois plus onéreuse que cette Corvette.

Le V8 suralimenté est assemblé à la main au Performance Build Center de GM à Wixom, dans le Michigan, avec des pièces alternatives solides mais légères pour optimiser les performances. Il est ensuite couplé à une nouvelle transmission manuelle à six rapports et un embrayage bi-disque. Le système de pignons spécifique à la ZR1 offre un rapport de démultiplication en première vitesse pointu qui relance l'accélération initiale, et la vitesse maximale est atteinte en sixième, ce qui est un changement par rapport à la Corvette classique où la vitesse optimale est atteinte en cinquième.

La ZR1 est bâtie sur le même châssis en aluminium que la Corvette Z06 et possède les mêmes suspensions arrière et avant indépendantes à triangle superposé, avec le bras supérieur et le bras inférieur en aluminium, des ressorts à lames transversales composites, des amortisseurs monotubes ajustables électroniquement et des barres stabilisatrices. La ZR1 diffère dans la façon dont la suspension avant est réglée et optimisée pour soutenir les jantes et l'avant du véhicule. Le Magnetic Selective Ride Control est disponible en série et adapté spécialement à la ZR1. Cela permet de jouir d'une conduite confortable et fluide à vitesse normale tout en permettant aux amortisseurs de s'affermir en cas de virage sec et de supporter une force latérale supérieure à 1 G.

Avec un tel potentiel, il est vital de disposer de la puissance de freinage nécessaire. C'est pour cette raison que la ZR1 est équipée de freins à disque en céramique-carbone ventilés percés d'un diamètre de 394 mm à l'avant et 380 mm à l'arrière, soit le diamètre le plus important de tous les véhicules de série.

On reconnaît immédiatement la CSL grâce à son capot en fibre carbone. Il comporte une vitre en polycarbonate qui permet de voir le moteur sur les côtés duquel est gravé « LS9 Super Charged » (LS9 suralimenté) tandis que les drapeaux croisés du logo du constructeur sont situés sur l'avant. La fibre de carbone sert à réduire le poids du véhicule et entre dans la composition

de pièces du toit, du splitter de pare-chocs avant, du pare-chocs avant et dans la largeur du béquet arrière de couleur claire. La réduction de poids se poursuit jusque dans l'habitacle avec ses sièges allégés.

Le résultat est une voiture avec un rapport puissance/poids de 420 ch par tonne. C'est supérieur à celui de la Porsche 911 GT2, de la Ferrari 599 GTB Fiorano et de la Lamborghini LP640 Murcielago. Cela se reflète dans ses performances en tout point remarquables : 0-100 km/h en 3,4 s – encore plus rapide que la Ferrari Enzo – et une accélération de 0 à 160 km/h en 7,8 s. Sa vitesse maximale de 330 km/h, départ arrêté, est atteinte en un peu plus de 30 s. En juin 2008, l'ingénieur chargé du développement de la Corvette, Jim Nero, a enregistré un temps intermédiaire de 7 min 26,4 s sur le célèbre circuit de 22,8 km du Nürburgring en Allemagne au volant d'une ZR de série. C'est, pour l'époque, le temps le plus rapide jamais enregistré sur un tel véhicule. Il est vrai que seule une poignée de voitures pouvait aller plus vite. Comme la Bugatti Veyron, mais il fallait alors ajouter plus de 790 000 euros pour l'acquérir.

Lors du lancement, la direction de GM annonçait vouloir construire environ 3 000 Corvette ZR1 par an. En d'autres termes, la ZR1 allait se faire plutôt rare sur les routes et ceux qui la verraient n'auraient le temps de n'apercevoir que ses feux de position arrière.

CHEVROLET CORVETTE ZR-1 2009

MOTEUR : V8 de 6 162 cm³
PUISSANCE MAXIMALE : 638 ch à 6 500 tr/min
COUPLE MAXIMAL : 819 Nm à 3 800 tr/min
VITESSE MAXIMALE : 330 km/h
ACCÉLÉRATION 0-100 KM/H : 3,4 s
TRANSMISSION : manuelle à 6 vitesses
LONGUEUR : 4,476 m
LARGEUR : 1,928 m
HAUTEUR : 1,244 m
EMPATTEMENT : 2,685 m
DATE DE PRODUCTION : depuis 2009
FREINS : à disques (AV et AR)
SUSPENSION : triangle superposé (AV et AR)
JANTES : aluminium, 19 pouces (AV), 20 pouces (AR)
PNEUS : 285/30 ZR-19 (AV), 335/25 ZR-20 (AR)

Dodge Challenger SRT8

« Le roi de l'asphalte » annonce la brochure. « Design immaculé du Hémi musclé à la suspension adaptée aux pistes et au style légendaire. » Avec cette phrase, on peut penser que Dodge décrit son Muscle Car Challenger des années 1970 ! En fait, il loue le 2008 Challenger, construit 35 ans après l'original. Dodge est parvenu à créer un design fidèle à l'héritage du Challenger en ajoutant les technologies les plus modernes. La production du Challenger reste en outre fidèle au concept car présenté au Salon de Détroit en 2006. Son apparence, radicale et agressive, est inspirée du Challenger des années 1970 sans toutefois céder à une quelconque mode rétro laborieuse.

Le Dodge Challenger SRT 8 a été conçu dans le respect des cinq piliers de tout SRT : design externe audacieux, intérieur inspiré des sportives, conduite et tenue de route précises, transmission de puissance inégalée et système de freinage de référence. Le V8 Hémi 6,1 l produit 425 ch à 6 200 tr/min et 569 Nm de couple à 4 800 tr/min, ce qui se traduit par une accélération de 0 à 100 km/h en 5 s. Quant à la vitesse maximale, elle est de 274 km/h : le tout pour moins de 30 000 euros.

À la différence des versions de Challenger à moteur plus compact, le SRT 8 se reconnaît à son béquet avant plus profond et les larges manches de refroidissement du système de freinage. À l'intérieur, le conducteur est assis dans un siège en cuir face à un tableau de bord comprenant une série de cadrans et de messages informatiques intégrés aux garnitures en fibre de carbone. L'ordinateur de bord enregistre la consommation de carburant

DODGE CHALLENGER SRT8 2008

MOTEUR : V8 de 6 059 cm³

PUISSANCE MAXIMALE : 425 ch à 6 200 tr/min

COUPLE MAXIMAL : 569 Nm à 4 800 tr/min

VITESSE MAXIMALE : 274 km/h

ACCÉLÉRATION 0-100 KM/H : 5,0 s

TRANSMISSION : automatique à 5 vitesses ou manuelle à 6 vitesses

LONGUEUR : 5,022 m

LARGEUR : 1,923 m

HAUTEUR : 1,448 m

EMPATTEMENT : 1,946 m

DATE DE PRODUCTION : depuis 2008

FREINS : à disques (AV et AR)

SUSPENSION : en A (AV), 5 bras (AR)

JANTES : aluminium, 20 pouces

PNEUS : 245/45 R-20 (AV), 255/45 R-20 (AR)

dire que l'intérieur est si étroit qu'il vaut mieux envisager le véhicule comme un biplace.

Le Challenger SRT 8 est équipé soit d'une boîte automatique à cinq rapports soit d'une boîte manuelle à six rapports et d'un double embrayage provenant du Dodge Viper – c'est la première fois qu'un Hémi est équipé d'une boîte manuelle en option. Un différentiel arrière à glissement limité, un système de contrôle de la traction, une direction plus démultipliée, des freins Brembo améliorés et un système de suspension multibras du dernier cri constituent les caractéristiques du SRT 8.

Sur route, le SRT 8 se conduit facilement, le ronflement du V8 Hémi correspond tout à fait à ce que l'on attend de la version moderne d'un Muscle Car. Et sa performance globale en fait un véhicule qui n'a rien à envier au Challenger des années 1970. C'est ainsi que 4 300 acheteurs se sont précipités le premier jour de sa commercialisation pour commander le Challenger SRT 8. Un an plus tard, la série Challenger s'agrandit pour inclure un autre moteur Hémi, une version 370 ch 5,7 l et un V6 de 250 ch. Le prix du Challenger le plus bas est de 18 270 euros.

Mais si le ST8, fleuron de Dodge, est fascinant, il est possible que d'autres modèles apparaissent sur le marché. En effet, en 2008, le constructeur dévoila le Challenger SRT 10 avec un V10 de 600 ch tassé sous son capot. Officiellement, il ne s'agit que d'une voiture concept mais officieusement il pourrait être produit en série en 2010. Comme si le Muscle Car bénéficiait d'une seconde naissance.

et la vitesse du véhicule, mais aussi le 0-100 km/h, les temps intermédiaires tous les 400 m, la force de gravitation (0,88 G en dérapage), ainsi que les performances des freins en provenance des disques Brembo. (Pour information : la distance de freinage à 100 km/h est de 33,5 m).

Autre équipement standard : le système audio à 13 haut-parleurs de Kicker avec amplificateur de 322 W et caisson de basse de 200 W, la réception radio par satellite et un système multimédia MyGig. Dodge affirme que 5 personnes tiennent dans ce que le constructeur appelle un habitacle de premier choix mais on doit à la vérité de

Dodge Charger 500 Daytona

DODGE CHARGER 500 DAYTONA 1969

MOTEUR : V8 de 6 891 cm³

PUISSANCE MAXIMALE : 425 ch à 5 000 tr/min

COUPLE MAXIMAL : 640 Nm à 4 000 tr/min

VITESSE MAXIMALE : 322 km/h

ACCÉLÉRATION 0-100 KM/H : 5,7 s

TRANSMISSION : automatique à 3 vitesses ou manuelle à 4 vitesses

LONGUEUR : 5,821 m

LARGEUR : 1,946 m

HAUTEUR : 1,358 m

EMPATTEMENT : 2,972 m

DATE DE PRODUCTION : 1969

FREINS : à disques (AV), à tambour (AR)

SUSPENSION : bras de suspension supérieur et inférieur (AV), essieu rigide (AR)

JANTES : aluminium, 14 pouces

PNEUS : F70 – 14 (AV et AR)

L'un des Muscle Cars les plus insolites et les plus radicaux est apparu à la fin des années 1960 en raison d'un mauvais coefficient aérodynamique sur circuit, mais aussi parce que Ford remportait trop de courses. Le 1968 Dodge Charger était rapide mais pas assez. Il générait tout simplement trop de résistance pour pouvoir s'aligner sur les circuits de stock-car de la Nascar aux États-Unis, où les plus forts enregistraient des temps au tour proches des 322 km/h.

Pour augmenter les chances du véhicule, les ingénieurs ajoutèrent un nez profilé afin d'augmenter son aérodynamisme. La vitre arrière, qui créait du vide et donc de la résistance à l'air, fut modifiée grâce à des lignes fuyantes. Le modèle fut nommé Charger 500 et Doge parvint à en construire un nombre suffisant pour recevoir son homologation en Nascar.

D'une certaine manière, le Charger 500 fut un immense succès : il remporta 18 courses de la Nascar en 1969. Malheureusement la Ford Torino en gagna 30. De retour à la table de dessin, les spécialistes en aérodynamique de chez Dodge apportèrent quelques changements. Pour réduire la résistance et accroître la portance négative du véhicule, le nez fut allongé de 457 mm, et un aileron massif fut fixé à l'arrière pour limiter la portance arrière à grande vitesse. Globalement le coefficient aérodynamique fut amélioré de 20 %, un chiffre suffisant pour que la voiture se place devant les Ford ou les Mercury.

aérodynamique donna au Charger 500 Daytona un grand avantage en termes de vitesse sur ses rivaux. À tel point qu'en mars 1970, le pilote américain Buddy Baker enregistra pour la première fois un tour à 322 km/h sur le circuit de Talladega en Alabama.

Tout comme son cousin, le Plymouth Road Runner Superbird, le Charger 500 Daytona généra beaucoup d'intérêt mais peu de ventes. Pour pouvoir être homologué Nascar, Dodge dut produire 505 exemplaires mais nombre d'entre eux restèrent invendus chez les concessionnaires Dodge. Plus tard, la série télévisée *Shérif, fais-moi peur!* fit une publicité remarquable au Dodge Charger avec la « General Lee ». Cette Dodge Charger 1969 de couleur orange appartenait à la famille Duke, qui se livrait à des activités plus ou moins légales, et qui était régulièrement poursuivie par le Shérif à qui elle parvenait à fausser compagnie.

Aujourd'hui les Charger sont très prisés et le Daytona (en particulier l'un des exemplaires les plus rares avec un moteur Hémi 75), le plus recherché de tous les modèles. D'une valeur de 3 172 euros lors de sa première commercialisation, il vaut aujourd'hui au moins six fois ce prix.

Le nouveau modèle fut appelé Charger 500 Daytona, et un peu plus de 500 exemplaires furent construits et vendus pour obtenir l'homologation. En réalité, la voiture ne fut prête pour les courses que vers la fin de la saison 1969, mais elle fit sensation surtout parce que chaque exemplaire était peint en rouge avec des bandes noires ou blanches sur le côté sur lesquelles était inscrit en lettres capitales le nom « Daytona ». Autre innovation du modèle : ses phares escamotables dissimulés dans le nez.

Les routières étaient équipées du moteur V8 Hémi Magnum 72 100 cm^3 qui fournissait 375 ch en série, bien que le moteur V8 Hémi, qui développait 425 ch à 5 000 tr/min et 640 Nm de couple à 4 000 tr/min, fût également disponible. La transmission se faisait soit par une boîte manuelle à quatre rapports soit par une automatique TorqueFlite à trois rapports. La suspension n'avait subi que peu de modifications par rapport au châssis standard du Charger R/T avec des barres de torsion à l'avant et des ressorts à lames à l'arrière. Toutefois, les freins à tambour du Charger en série furent améliorés pour Daytona avec des disques à l'avant et un servofrein sur les tambours arrière.

Il est intéressant de noter que même si, à l'arrêt, le 500 Daytona pour route paraissait véloce, son accélération était en fait inférieure à celle du Dodge Charger 500 de série et sa vitesse maximale était plus faible, en raison du fait que le nez profilé et l'aileron arrière ajoutaient 136 kg au poids total du véhicule. Sur circuit, c'était cependant tout à fait différent. L'amélioration du coefficient

Dodge Viper SRT-10

À la fin des années 1980, Chrysler avait besoin de remonter la pente. Son Pdg, Lee Iacocca, avait lancé un programme de développement de nouveaux modèles, mais les premiers exemplaires destinés à remettre l'entreprise sur pieds ne seraient pas prêts avant au moins 1992. Chrysler avait donc besoin d'un véhicule populaire pour intéresser un public toujours aussi avide. L'entreprise rassembla une petite équipe très motivée pour développer un prototype peu coûteux pour répondre aux contraintes budgétaires du constructeur.

Par chance, un moteur idéal était disponible. En effet, Chrysler avait déjà mis au point un V10 8 l pour ses gros pick-up et le moteur fut tassé dans une voiture basse au profil extrêmement allongé. Le capot était énorme, renforçant l'impression de puissance et les capacités du moteur, tandis que l'arrière droit faisait penser au postérieur d'une bête sauvage. D'imposants collecteurs sur les côtés et des prises d'air larges complétaient l'ensemble.

Rendant hommage à la Shelby Cobra (révélée à l'occasion du Salon de l'automobile de Détroit en 1989), à l'origine du projet, le véhicule fut nommé Dodge Viper. Il fit sensation et Chrysler rassembla une équipe de 85 personnes chargées de produire la Viper en série. Leur collaboration se révéla si fructueuse que les premiers modèles furent commercialisés en 1992.

La voiture de série était très proche du concept d'origine, même si beaucoup de modifications furent apportées. Par exemple, même si le modèle était puissant, le poids du moteur en fonte aurait eu un impact négatif sur la tenue de route d'une sportive légère. Ainsi, une version en aluminium fut créée avec l'aide de Lamborghini.

DODGE VIPER SRT-10 2008

- **MOTEUR :** V10 de 8 382 cm³
- **PUISSANCE MAXIMALE :** 600 ch à 6 100 tr/min
- **COUPLE MAXIMAL :** 760 Nm à 5 000 tr/min
- **VITESSE MAXIMALE :** 311 km/h
- **ACCÉLÉRATION 0-100 KM/H :** 3,5 s
- **TRANSMISSION :** manuelle à 6 vitesses
- **LONGUEUR :** 4,459 m
- **LARGEUR :** 1,911 m
- **HAUTEUR :** 1,210 m
- **EMPATTEMENT :** 2,510 m
- **DATE DE PRODUCTION :** depuis 2008
- **FREINS :** à disques (AV et AR)
- **SUSPENSION :** double triangulation superposé (AV et AR)
- **JANTES :** aluminium, 18 pouces (AV), 19 pouces (AR)
- **PNEUS :** 275/35 ZR-18 (AV), 345/30 ZR-19 (AR)

le constructeur automobile britannique McLaren Automotive et aux ingénieurs de chez Ricardo. Cette puissance se traduit par une accélération de 0 à 100 km/h en 3,5 s ainsi qu'une vitesse maximale de 311 km/h pour le Roadster et 325 km/h pour le Coupé plus aérodynamique.

Depuis son lancement initial, la Viper a subi beaucoup de transformations, passant d'une sportive rapide certes mais peu raffinée à un vrai supercar dont les performances, la tenue de route et la vitesse sont aussi remarquables que ses concurrents telles que l'Audi R8, la Ford GT et la Porsche 911 Turbo. Ce qui en revanche n'a pas changé c'est le côté « mauvais garçon » de l'engin. Et on doit tout cela à Chrysler !

Son V10 7 990 cm³ produisait 400 ch mais était de 50 kg plus léger que le moteur de camion d'origine. Il avait également beaucoup de couples – 630 Nm à 3 600 tr/min – ce qui permit l'étagement des rapports de la boîte manuelle à six vitesses pour des accélérations et surtout des reprises, encore plus convaincantes tout en réalisant des économies de carburant.

La performance de la Dodge Viper était surprenante : 0-100 km/h en 4,5 s et vitesse maximale de 266 km/h. Son apparence était encore plus incroyable. Voilà un supercar authentique, avec une présence sur route qui attirait tous les regards, conçu et créé avec un budget dérisoire. Pour Chrysler, ce fut un triomphe, non seulement en raison de l'intérêt suscité mais aussi parce que le modèle était la preuve qu'une petite équipe motivée pouvait obtenir de grands résultats. Chrysler comprit la leçon : chaque nouveau modèle serait désormais conçu par une « équipe de plateforme » dédiée.

En 1996, le Coupé GTS à toit amovible fut ajouté à la série et dans le même temps, le châssis fut renforcé, la suspension et les freins améliorés et la puissance du moteur dynamisée à 450 ch, ce qui permettait à la voiture d'atteindre la vitesse maximale de 309 km/h. Depuis, la Viper et le GTS ont fait régulièrement l'objet d'améliorations. La toute dernière 2008 ViperSRT-10 développe 600 ch à 6 100 tr/min. et 760 Nm de couple à 5 000 tr/min grâce aux innovations apportées par

Ferrari Enzo

En 1998, le directeur de Ferrari, Luca Cordero di Montezemolo, se trouva confronté à un vrai problème. L'entreprise était connue pour produire des supercars de références. Cela avait commencé avec la 250L en 1963, une sportive homologuée qui devint le premier supercar de Ferrari. Puis arriva la GTO, lancée en 1984 et qui remporta un immense succès, ensuite la F40 en 1987 et la F50 en 1995. L'entreprise cherchait un successeur à la F50, mais comment créer un véhicule encore plus performant que le supercar conçu pour marquer le 50e anniversaire de Ferrari ?

Montezemolo donna à ses ingénieurs de Pininfarina trois consignes : faire une voiture « vraiment impressionnante » ; utiliser les dernières avancées technologiques et s'inspirer des F1 qui, à l'époque, constituaient le *must*. Sur les 20 projets présentés, un seul fut retenu pour devenir la Ferrari Enzo : une silhouette agressive, un nez rappelant celui d'une F1 et une forme définie plus pour des raisons aérodynamiques qu'esthétiques. En bref, la Enzo ne cherchait pas à être gracieuse, seulement efficace.

Un nouveau moteur V12 de 5 998 cm^3 fournissait 660 ch. Tout comme celui de la Ferrari F1, il disposait d'un système d'admission et des soupapes d'échappement variables, une première pour Ferrari. Le moteur et la boîte de vitesse à six rapports étaient fixés avec des écrous à l'arrière du tube en fibre de carbone du châssis. Quant aux « dernières avancées technologiques », avec la Enzo, Ferrari devint le premier constructeur au monde à intégrer tous les systèmes électroniques de contrôle pour les faire communiquer entre eux immédiatement. Ainsi l'ordinateur central pouvait choisir la configuration optimale en fonction des conditions de route.

Par exemple, les suspensions (quatre indépendantes à pistons, à l'avant en triangle et à l'arrière en triangles superposés permettant un meilleur confort et une adhérence supérieure) sont connectées au moteur, à la transmission, au contrôle de la traction, à l'ABS, à l'aérodynamisme et même aux freins. Ces derniers, en fibre de carbone, délivraient une remarquable puissance de freinage. Comme sur une F1, le conducteur pouvait ajuster l'équilibre des freins entre l'avant et l'arrière.

La carrosserie en fibre de carbone était conçue pour maximiser le coefficient aérodynamique. C'est pour cette raison que celui-ci possède une longue inclinaison avant et que, sous le plancher, l'effet Venturi est utilisé pour accélérer le flux d'air et améliorer ainsi la portance. Cela se révèle si efficace qu'à une vitesse supérieure à 290 km/h, la portance est supérieure à 800 kg. Certes l'apparence générale est loin d'être élégante, mais c'est l'efficacité qui prime.

La Enzo fait le 0-100 km/h en 3,6 s en laissant beaucoup de gomme sur l'asphalte. Elle atteint 212 km/h, départ arrêté, en 9,5 s et sa vitesse maximale est de 350 km/h. Comme dans la Formule 1, la Enzo dispose d'un « contrôle de lancement » intégré dans la transmission qui permet de changer les rapports au moment approprié. Lancée en 2002, lors d'un salon de l'automobile de Paris, la Enzo allait inévitablement être comparée aux deux autres supercars présentés à la même époque : la Porsche Carrera GT et la Mercedes-Benz SLR McLaren. On peut toujours débattre lequel des engins est le plus esthétique, le plus pratique ou même le meilleur globalement Mais c'est sans aucun doute la Ferrari Enzo qui est à la fois la plus rapide et la plus technologiquement avancée au monde.

Au départ, Ferrari prévoyaient seulement 349 exemplaires pour un prix unitaire de 527 000 euros. Mais, en raison de la demande de clients qui possédaient déjà la F40 et la F50, ce nombre passa à 399. Un peu plus tard, un dernier exemplaire fut construit, portant le numéro 400, et vendu aux enchères au profit des victimes du tsunami de 2004 en Asie.

FERRARI ENZO 2002

MOTEUR : V12 de 5 998 cm^3

PUISSANCE MAXIMALE : 660 ch à 7 800 tr/min

COUPLE MAXIMAL : 658 à 5 500 tr/min

VITESSE MAXIMALE : 350 km/h

ACCÉLÉRATION 0-100 KM/H : 3,6 s

TRANSMISSION : semi-automatique 6 vitesses

LONGUEUR : 4,702 m

LARGEUR : 2,035 m

HAUTEUR : 1,147 m

EMPATTEMENT : 2,650 m

DATE DE PRODUCTION : 2002-2004

FREINS : à disques (AV et AR)

SUSPENSION : double triangulation superposé (AV et AR)

JANTES : aluminium, 19 pouces

PNEUS : 245/35 ZR-19 (AV), 345/35 ZR-19 (AR)

Ferrari F40

« J'avais demandé à mes ingénieurs de construire la meilleure voiture de série au monde. Eh bien, la voici ! » C'est ainsi qu'Enzo Ferrari présenta son modèle F40, la voiture lancée pour fêter le 40e anniversaire de Ferrari en 1988. C'était sans conteste une voiture spéciale, principalement parce que ce devait être le dernier lancement d'un véhicule du constructeur avant le décès cette même année du fondateur, Enzo Ferrari. Elle est la quintessence du supercar des années 1980 : un style agressif et brut, des performances inégalées par les autres voitures de son époque, une tenue de route si exceptionnelle que seul un pilote chevronné pouvait tirer le meilleur de son potentiel étonnant.

La F40, conçue comme de nombreux modèles de Ferrari par Pininfarina, n'est pas gracieuse et pourtant tout semble évident chez elle. Certes, elle n'est pas confortable et pourtant aucun de ses propriétaires ne s'est jamais plaint. Elle n'est guère sophistiquée en terme d'ingénierie mais seules ses performances comptent. Sa vitesse maximale de 325 km/h était en 1988 considérée comme un exploit. La F40 fut conçue comme une voiture de course, pourtant Ferrai ne courrait pas officiellement. Mais le constructeur fournissait une assistance aux « corsaires » qui voulaient tirer le maximum de l'engin sur circuit. Certains des modèles modifiés développaient pas moins de 700 ch.

FERRARI F40 1988

MOTEUR : V8 de 2 936 cm³

PUISSANCE MAXIMALE : 478 ch à 7 000 tr/min

COUPLE MAXIMAL : 576 Nm à 4 500 tr/min

VITESSE MAXIMALE : 325 km/h

ACCÉLÉRATION 0-100 KM/H : 3,5 s

TRANSMISSION : manuelle à 5 vitesses

LONGUEUR : 4,430 m

LARGEUR : 1,980 m

HAUTEUR : 1,130 m

EMPATTEMENT : 2,450 m

DATE DE PRODUCTION : 1988-1991

FREINS : à disques (AV et AR)

SUSPENSION : double triangulation indépendante (AV et AR)

JANTES : aluminium, 17 pouces

PNEUS : 245/40 ZR-17 (AV), 335/35 ZR-17 (AR)

Sa suspension ressemble de près à celle des voitures de course de l'époque avec double triangulation à l'avant et à l'arrière, ressorts hélicoïdaux, amortisseurs et barres antiroulis à l'avant et à l'arrière. Les disques ventilés standards garantissaient un freinage adéquat ce qui était important car pour l'époque les performances de la F40 étaient vraiment exceptionnelles. Sur route sèche, il était tout à fait possible de faire patiner les roues en première, seconde ou troisième et malgré les pneus massifs (335/35 ZR17 à l'arrière et 245/40 ZR17 à l'avant). Seul un pilote expérimenté pouvait trouver le parfait équilibre entre puissance et adhérence.

La puissance du moteur ne provenait pas de ceux fabriqués à l'usine de F1 de Ferrari. C'était un V8 et non l'habituel V12 à haut régime de Ferrari. Le V8 de la F40 était suralimenté par deux turbocompresseurs et un double arbre à came en tête produisant une puissance de 478 ch grâce à une transmission à 5 rapports aux roues arrière. Elle faisait le 0-100 km/h en 8,2 s. Il n'est pas sûr que le chrono magique de 322 km/h puisse être atteint, mais c'est ce que revendiquait le constructeur à l'époque.

Comme la 288 GTO, dont la F40 était le successeur spirituel, le châssis était en tube d'acier. Mais à la différence de la 288, la F40 faisait la part belle au Kevlar et aux matériaux composites en fibre de carbone pour le plancher, le tableau de bord, et les cloisons. De plus, certaines parties de la carrosserie étaient en matériaux composites, les vitres latérales et la lunette arrière en plexiglas. Même les sièges étaient en fibre de carbone, le but étant d'alléger le véhicule au maximum. Dans l'habitacle, peu de concession au confort : pas de tapis, de stéréo, ni même d'habillage : les portes et autres cloisons étaient tout simplement en fibre de carbone apparente. Seule et unique libéralité : l'air conditionné, tout simplement parce que le marché moyen oriental était vital pour Ferrari et que l'air conditionné y est essentiel.

Lorsqu'il dévoila la F40, Enzo Ferra annonça qu'il allait en fabriquer seulement 400. Mais devant l'afflux des demandes (plus de 3 000), les chaînes de montage en fabriquèrent plus de 1 300 exemplaires entre 1988 et 1991. Aujourd'hui encore, la F40 paraît contemporaine. Elle fut conçue comme une sportive intransigeante aux performances jusqu'alors inconnues des routières. Elle était, et continue d'être, une Ferrari classique, et témoigne du respect pour son créateur : le « patriarche » lui-même, Enzo Ferrari.

Ford GT

Tout a commencé en 2002, quant Ford décida de marquer avec force son 100ᵉ anniversaire. La meilleure façon de célébrer le passé tout en envisageant l'avenir avec confiance était de créer un successeur au légendaire vainqueur des 24 heures du Mans, la GT40 des années 1960.

Le concept car, dévoilé au Salon automobile de Détroit en 2002, avait la même forme que la GT40 d'origine, dont elle s'était inspirée. Certains puristes y virent une sorte de rétro pastiche, mais beaucoup furent enthousiasmés par ce nouveau supercar. Face à cet accueil positif, Ford donna le feu vert pour la production. Ford avait fixé une date limite de fabrication à l'équipe chargée de mettre au point la voiture de série : celle-ci devait être prête pour les célébrations du centenaire en juin 2003.

Le design extérieur rappelait les années 1960 mais, derrière cette vitrine, la Ford GT embarquait les avancées technologiques du XXIᵉ siècle. Sa carrosserie en aluminium repose sur une structure cadre tridimensionnelle en aluminium, ou SpaceFrame. Le V8 5,4 l suralimenté est monté en position centrale derrière le passager et couplé aux roues arrière par une transmission manuelle à six rapports et un différentiel à glissement limité. Les suspensions sont indépendantes, à double triangulation à l'avant et à l'arrière.

Sur route, la remarquable adhérence due aux pneus massifs Goodyear Eagle est assistée par la portance négative produite à vitesse élevée par un tube de Venturi qui passe dans le plancher. Comme pour la McLaren F1, les designers de la Ford GT décidèrent de ne pas monter de contrôle de traction ou de contrôle électronique de stabilité, laissant le soin au pilote de maîtriser le moteur V8.

Ce V8 tout en aluminium équipait déjà les camions ou les pick-up Ford mais, pour la GT40, ils ajoutèrent un compresseur Lysholm de type twin-screw, avec des culasses révisées et deux doubles arbres à came en tête. Au final, le moteur fournissait une puissance de 550 ch et 678 Nm de couple – plus que nécessaire pour un 0-100 km/h en 3,7 s, un 0-160 km/h en 7,4 s et une vitesse maximale de 328 km/h.

Malgré ses performances incroyables, la Ford GT se conduit facilement. Si elle peut rouler aussi vite qu'une Lamborghini ou une Ferrari, sa souplesse et son couple imposant se traduisent par une grande maniabilité ; on peut par exemple rester en troisième de 48 km/h à 90 km/h. L'habitacle est large, plus confortable et plus pratique que dans la première version de la GT40, qui était trop bas (le 40 de ses initiales correspond à la hauteur en pouces, soit 1 016 mm). Grâce à la réglementation, la dernière version de la Ford GT est plus longue, plus large et plus haute que l'original. Cela permet au conducteur et aux passagers de bénéficier d'un espace plus grand et confortable. Toutefois, comme sur la version initiale, il n'y a pas d'espace de rangement pour les bagages.

Ford annonça une production de la GT de 4 500 exemplaires seulement et fut immédiatement inondé de demandes. Même si certains clients étaient prêts à débourser plus de 80 000 euros en plus du prix de vente fixé à 163 549 euros, au final seuls 4 038 exemplaires sortirent des chaînes de montage de Ford. La production cessa en 2006.

La Ford GT est l'un des meilleurs supercars du XXIe siècle : elle a répondu au-delà des attentes de ses designers qui souhaitaient créer une voiture alliant les performances, la grandeur et l'image d'une Ferrari 360 avec la fonctionnalité, la fiabilité, la qualité de fabrication et la maniabilité d'une Honda NSX. Bref, le cadeau parfait pour marquer le centenaire de Ford.

FORD GT 2003

MOTEUR : V8 de 5 409 cm³

PUISSANCE MAXIMALE : 550 ch à 6 500 tr/min

COUPLE MAXIMAL : 678 Nm à 3 750 tr/min

VITESSE MAXIMALE : 328 km/h

ACCÉLÉRATION 0-100 KM/H : 3,7 s

TRANSMISSION : manuelle à 6 vitesses

LONGUEUR : 4,643 m

LARGEUR : 1,953 m

HAUTEUR : 1,125 m

EMPATTEMENT : 2,710 m

DATE DE PRODUCTION : 2003-2006

FREINS : à disques (AV et AR)

SUSPENSION : bras supérieur en A et bras inférieur en L (AV et AR)

JANTES : aluminium, 18 pouces (AV), 19 pouces (AR)

PNEUS : 235/45 ZR-18 (AV), 315/40 ZR-19 (AR)

Gumpert Apollo

La Gumpert Apollo n'est pas belle mais représente un tour de force technologique. Conçue par le constructeur automobile allemand Roland Gumpert, ancien directeur d'Audi, elle comporte de nombreuses pièces de chez Audi, comme le V8 4,2 l suralimenté par deux compresseurs placés au cœur de l'Apollo, couplé à une transmission à six rapports. Le moteur développe 650 ch pour l'Apollo de base, 690 ch pour l'Apollo S et une puissance incroyable de 789 ch pour l'Apollo R. La puissance maximale de l'Apollo S est atteinte à 6 300 tr/min et le couple maximal est de 850 Nm à 4 000 tr/min. Cette puissance pure, combinée avec le poids assez faible de la voiture, lui donne un rapport puissance/poids supérieur même à celui de la McLaren F1. Elle fait le 0-100 km/h en 3 s et sa vitesse maximale est de 354 km/h.

Le design de l'Apollo est celui d'un supercar classique. Comme sur beaucoup de modèles, le moteur est placé au centre, c'est une biplace aux roues motrices arrière. La carrosserie repose sur un cadre tubulaire, et comprend des panneaux de carrosserie en fibre de verre ou, dans le cas de l'Apollo R qui est plus légère, des panneaux en fibre de carbone. Les suspensions avant et arrière sont des triangles superposés avec amortisseurs inboard réglables. Elle est équipée de freins à disque ventilés inboard, avec des étriers à six pistons à l'avant et à l'arrière.

L'originalité du véhicule réside dans son aérodynamisme. Outre un énorme aileron arrière, le soubassement de carrosserie comprend deux gros tubes de Venturi sur la longueur du véhicule qui accélèrent le flux de l'air sous la voiture en fonction de la vitesse. L'accroissement de la vitesse de l'air réduit la pression, ce qui entraîne une portance négative aussi puissante que celle d'une voiture de course DT M. En réalité, Gumpert alla plus loin et affirma que lorsque la voiture approchait les 322 km/h, elle avait une telle portance négative (5 833 kg) qu'elle pouvait être conduite à l'envers dans un tunnel !

Et pourtant malgré cette technologie du dernier cri, l'Apollo ne demande pas de compétences surhumaines au volant. Elle peut être maniée avec souplesse sans grand effort, grâce à un embrayage léger, une direction assistée et une puissance de traction provenant du V8 de chez Audi. Mais c'est à des vitesses plus élevées que l'Apollo se transforme et il lui faut alors rouler sur circuit pour pouvoir explorer la limite de ses performances extraordinaires.

Son adhérence est énorme, tout comme son accélération et sa puissance de freinage.

En réalité, la Gumpert Apollo est bien une voiture de course, mais qui est homologuée pour la route et qui n'a qu'un petit coffre à bagage. Les portières papillon font grosse impression mais entrer dans l'habitacle n'est pas chose aisée. Une fois à l'intérieur, le passager et le pilote ont assez d'espace. Le harnais quatre points indique que les intentions de la voiture sont plus que sérieuses !

Évidemment, tout ceci n'est pas donné. Le prix de l'Apollo de base est légèrement supérieur à 240 000 euros, celui de l'Apollo S est de 302 000 euros et celui de l'Apollo R est de 342 000 euros. Gumpert est une petite entreprise très spécialisée mais elle a l'intention de produire 30 voitures cette année. Ces chiffres n'inquiéteront pas les constructeurs comme Ferrari, Lamborghini ou Porsche, cependant les simples performances de l'Apollo et l'ensemble de ses capacités peuvent les faire réfléchir, surtout si d'autres modèles sont prochainement produits. Gumpert a déjà conçu une version hybride de l'Apollo, qui a pris part aux 24 heures du Nürburgring. Et lors du salon automobile de Genève en 2009, l'entreprise dévoila les 800 ch de son Apollo Speed, dont la coque est encore plus aérodynamique avec une garde au sol rabaissée et des roues en fibre de carbone. Selon le constructeur, elle fait le 0-100 km/h en 3 s et de 0 à 200 km/h en 8,9 s et sa vitesse maximale est de 360 km/h.

GUMPERT APOLLO 2005

MOTEUR : V8 de 4 163 cm^3

PUISSANCE MAXIMALE : 650-789 ch à 6 000 tr/min

COUPLE MAXIMAL : 850 Nm à 4 000 tr/min

VITESSE MAXIMALE : 354 km/h

ACCÉLÉRATION 0-100 KM/H : 3,0 s

TRANSMISSION : séquentielle à 6 vitesses

LONGUEUR : 4,460 m

LARGEUR : 1,998 m

HAUTEUR : 1,114 m

EMPATTEMENT : 2,700 m

DATE DE PRODUCTION : depuis 2005

FREINS : à disques (AV et AR)

SUSPENSION : double triangulation (AV et AR)

JANTES : aluminium, 19 pouces

PNEUS : 255/35 ZR-19 (AV), 345/35 ZR-19 (AR)

Jaguar XJ220

La star incontestée du Salon de l'automobile britannique de 1988 était un coupé long, bas, très aérodynamique avec un moteur, orné du célèbre jaguar, en position centrale. La XJ220, un petit bijou en aluminium dont le moteur V12 massif fournissait plus de 500 ch de puissance, était un coupé à traction intégrale, avec un embrayage bi-disque AP et une boîte de vitesses manuelle à cinq rapports. Le châssis est en aluminium embouti et la carrosserie est réalisée principalement en aluminium. La combinaison de la grande puissance du moteur et du poids relativement faible du véhicule promet des performances éclatantes. Selon Jaguar, la vitesse maximale est de 354 km/h et l'engin fait le 0-100 km/h en 3,5 s, des chiffres qui font de la XJ220 la voiture la plus rapide de sa génération.

Des fans plutôt nantis se précipitèrent pour déposer une avance malgré le fait qu'aucun prix n'avait encore été annoncé et que le constructeur jurait qu'il ne s'agissait que d'une étude préalable. Mais personne ne fut surpris lorsqu'un an plus tard, on annonça officiellement que la XJ220 serait produite en série limitée dans

le cadre d'une collaboration entre Jaguar et Tom Walkinshaw Racing, l'entreprise responsable du succès de Jaguar aux récents 24 heures du Mans.

À l'époque, le monde connaît une période de forte spéculation sur les supercars : les clients de voitures comme la Ferrari F40 et la Porsche 959 n'hésitent pas à verser des avances conséquentes en plus du prix d'achat pour les acquérir. Sans doute emporté par ce vent d'enthousiasme, Jaguar annonça une production initiale de 200 exemplaires avec la possibilité d'en produire 350 si la demande était suffisante, malgré un prix fixé à 473 000 euros. En quelques jours, Jaguar reçut 350 commandes et se prépara à un succès commercial sans précédent, jusqu'à a ce que la bulle spéculative des supercars explose quelques mois plus tard. Ceux qui avaient avancé de l'argent réclamaient leur remboursement, arguant d'avoir été victimes d'une publicité mensongère.

La raison tient au fait qu'à la place du V12 et de la traction intégrale de la voiture concept, la XJ220 avait un moteur turbo V6 et deux roues motrices. C'est le même moteur qui équipait la XJR-10 très rapide et la voiture de rallye Metro6R4, fournissant 542 ch à 6 500 tr/min – ce qui était plus que suffisant pour atteindre une vitesse maximale supérieure à 322 km/h et faire le 0-100 km/h en 4 s. Mais pour les clients mécontents, cela ne correspondait

pas à ce qui avait été promis. Pire, le mécontentement s'amplifia lorsqu'en 1990, JaguarSport lança la XJR-15, équipée du même V12 destiné à l'origine à la XJ220.

Cette fois, seules 280 XJ220 furent produites et il fallut plusieurs années avant que le dernier exemplaire trouve un acquéreur. Dommage, car la XJ220 avait un fort potentiel. Sur circuit d'essai, elle enregistra un chrono de 349 km/h qui ne pouvait faire douter de ses qualités et, en vérité, jusqu'au lancement de la McLaren F1 en 1994, la XJ220 pouvait prétendre au titre de voiture la plus rapide au monde. De plus, ses lignes étaient fluides, la qualité de sa fabrication inégalée et elle disposait des dernières avancées technologiques. Elle avait une coque-châssis en aluminium embouti et riveté, une carrosserie en partie en aluminium et même sans la traction intégrale de la voiture concept, sa stabilité n'était jamais menacée car elle était la première voiture de son temps à générer une véritable portance négative. Grâce à deux tubes Venturi placés sous la coque, la XJ220 pouvait générer jusqu'à 1 323 kg de portance négative à 322 km/h.

L'efficacité du profil aérodynamique de la XJ220 s'est traduite par sa victoire en 1993 au Mans en classe Grand Touring, un circuit où sur la ligne droite de Mulsanne se révèlent tous les défauts d'un véhicule en matière de stabilité à haute vitesse.

Bien que Jaguar ait produit des voitures étonnantes par le passé (comme l'unique XJ13), ce fut la première production d'un supercar par l'entreprise. Même si le lancement de la XJ220 coïncida avec l'éclatement de la bulle spéculative, cette voiture n'en reste pas moins un engin impressionnant.

JAGUAR XJ220 1992

MOTEUR: V6 de 3 498 cm^3

PUISSANCE MAXIMALE: 542 ch à 6 500 tr/min

COUPLE MAXIMAL: 640 Nm à 4 500 tr/min

VITESSE MAXIMALE: 349 km/h

ACCÉLÉRATION 0-100 KM/H: 4,0 s

TRANSMISSION: manuelle à 5 vitesses

LONGUEUR: 4,860 m

LARGEUR: 2,000 m

HAUTEUR: 1,150 m

EMPATTEMENT: 2,640 m

DATE DE PRODUCTION: 1992-1994

FREINS: à disques (AV et AR)

SUSPENSION: triangle indépendant (AV et AR)

JANTES: aluminium, 17 pouces (AV), 18 pouces (AR)

PNEUS: 255/45 ZR-17 (AV), 345/35 ZR-18 (AR)

Koenigsegg CCX

En 1994, le richissime homme d'affaire suédois Christian von Koenigsegg rêvait de fabriquer le premier supercar au monde sous forme de roadster en utilisant la technologie de la F1. Il n'était pas le seul à aspirer à ce rêve mais il fut le seul à le réaliser. Le premier concept car en fibre de carbone fut présenté au Salon de l'automobile de Genève en 2000 et la première Koenigsegg CC 8S commerciale fut livrée en 2002.

Un nouveau modèle, la CCR, fut annoncé en 2004 et fit sensation en 2005 sur l'imposant circuit d'essai de Nardo, dans le Sud de l'Italie, où il enregistra le temps le plus rapide pour une voiture de série. La voiture entra ainsi dans le *Guinness Book of Records*. La voiture enregistra un chrono de 388,87 km/h devant la McLaren F1. Depuis, le record de la Koenigsegg a été battu par la Bugatti Veyron (407,5 km/h), mais ce temps constitue néanmoins un succès remarquable pour ce qui était à l'époque une petite entreprise.

Pour Koenigsegg, la consécration arriva en 2006 avec la présentation de la CCX, un design conçu à partir de rien pour satisfaire aux exigences législatives américaines et même aux normes antipollution strictes de la Californie. Le point de départ est le moteur. Auparavant, Koenigsegg utilisait le V8 de la voiture de sport Ford Modular V8, mais pour la CCX, l'entreprise développa et construisit son propre moteur dans son usine située sur une base militaire à Ängelhom, en Suède. C'est un V8 tout en aluminium de 4 719 cm³ soumis à un traitement spécial à hautes

KOENIGSEGG CCX 2006

- **MOTEUR :** V8 de 4 719 cm³
- **PUISSANCE MAXIMALE :** 806 ch à 6 900 tr/min
- **COUPLE MAXIMAL :** 920 Nm à 5 700 tr/min
- **VITESSE MAXIMALE :** 417 km/h
- **ACCÉLÉRATION 0-100 KM/H :** 3,2 s
- **TRANSMISSION :** manuelle à 6 vitesses
- **LONGUEUR :** 4,293 m
- **LARGEUR :** 1,996 m
- **HAUTEUR :** 1,120 m
- **EMPATTEMENT :** 2,660 m
- **DATE DE PRODUCTION :** depuis 2006
- **FREINS :** à disques (AV et AR)
- **SUSPENSION :** double triangulation (AV et AR)
- **JANTES :** aluminium, 20 pouces
- **PNEUS :** 335/30 ZR-20 (AV et AR)

C'est pour cela qu'en 2008, Koenigsegg créa un modèle révisé baptisé CCX Edition, où la puissance passa à 888 ch et le couple à 921 Nm. Il disposait d'un aileron arrière ajustable plus large et sa carrosserie était entièrement en fibre de carbone.

Koenigsegg produisit également une version « écolo », la CCX-R, fonctionnant au bioéthanol (et aussi au carburant normal). En mode bioéthanol, la puissance du moteur de la CCX-R passait à 1 018 ch et produisait 1 060 Nm de couple. Elle enregistrait une accélération de 0 à 96 km/h, en seulement 2,9 s. Cela s'explique par le fait que l'indice d'octane du bioéthanol est supérieur à celui du carburant à la pompe. En outre, il permet de refroidir les chambres de combustion. La Koenigsegg CCX -R est la plus puissante des voitures de série au monde, devant la Bugatti Veyron (1 001 ch).

Seules deux voitures CCX Edition et quatre CCX -Rs furent produites car, lors du Salon de l'automobile de Genève en 2009, Koenigsegg fit part de son souhait de se tourner vers des produits plus soucieux de l'environnement comme la voiture de sport électrique Quant à l'énergie solaire présentée lors de ce salon.

températures pour renforcer l'aluminium et permettant ainsi la mise en point d'un bloc-moteur plus fin et plus léger. Grâce à deux compresseurs centrifuges, le moteur produit 806 ch à 6 900 tr/min et 920 Nm de couple à 5 700 tr/min. La lubrification à carter sec permet au moteur d'être positionné plus bas sur le châssis. Le moteur est couplé à une transmission manuelle à six rapports ou à une boîte de vitesse séquentielle, équipé d'un différentiel à glissement limité. Exceptionnellement, les clients de Koenigsegg peuvent choisir le rapport de transmission correspondant à leur propre style de conduite.

La carrosserie de la CCX est légèrement supérieure à celle des premières CCR. Elle est en fibre de carbone et en Kevlar. Les portières s'ouvrent selon un mécanisme unique (baptisé dihedral synchro-helix) et qui les fait pivoter vers l'avant et vers le haut. Concession fonctionnelle : le toit amovible, qui peut se ranger sous le capot. Avec de telles performances, il est vital de prêter une attention particulière à l'aérodynamisme. Le soubassement de la CCX est totalement plat et des tubes de Venturi à l'arrière permettent d'accélérer le passage de l'air et d'accroître par conséquent la portance négative du véhicule. Le béquet arrière est en option.

Selon les données de Koenigsegg, la CCX fait le 0-96 km/h en 3,2 s et le 0-198 km/h en 9,8 s, et sa vitesse maximale est de 417 km/h. Et pourtant pour certains, cela ne suffisait pas.

Lamborghini Countach

LAMBORGHINI COUNTACH 25ᴱ ANNIVERSAIRE 1988

MOTEUR : V12 de 5 167 cm³

PUISSANCE MAXIMALE : 455 ch à 7 000 tr/min

COUPLE MAXIMAL : 501 Nm à 5 200 tr/min

VITESSE MAXIMALE : 306 km/h

ACCÉLÉRATION 0-100 KM/H : 4,8 s

TRANSMISSION : manuelle à 5 vitesses

LONGUEUR : 4,140 m

LARGEUR : 2,000 m

HAUTEUR : 1,070 m

EMPATTEMENT : 2,500 m

DATE DE PRODUCTION : 1971-1990

FREINS : à disques (AV et AR)

SUSPENSION : double triangulation inégale (AV), triangle inférieur (AR)

JANTES : aluminium, 15 pouces

PNEUS : 225/50 ZR-15 (AV), 345/35 ZR-15 (AR)

Avec son design incroyable, la Lamborghini Countach a sans doute stupéfait l'industrie automobile comme jamais auparavant. Lorsqu'elle fut dévoilée, au Salon de l'automobile de Genève en 1971, son style fit penser à celui d'un engin venu de l'espace.

Déjà, avec sa Miura râblée et élégante de 1966 et son moteur en position centrale-arrière, Lamborghini s'était montré un adversaire de taille pour Ferrari, mais son dernier modèle, une fois encore l'œuvre du designer Marcello Gandini, laissait aux vestiaires les courbes de la Miura pour des angles plus agressifs et un profil qu'aucun autre constructeur n'avait osé réaliser. Et, comme si cela ne suffisait pas, les portes de la Countach en élytre s'ouvrent en quart de cercle vers l'avant, parallèlement à la carrosserie, les aérations et les prises d'air saillantes sont imposantes, indispensables du moins pour le refroidissement, et donnent au véhicule son aspect futuriste. Ce nouvel arrivant dans le club des sportives était agressif et plein d'assurance ; il cherchait à attirer l'attention (le modèle présenté au salon était peint en jaune vif).

Trois ans plus tard, la Countach fut produite en série avec quelques modifications. Le châssis monocoque du prototype est remplacé par un cadre tubulaire et le moteur 5 l par un dérivé 4 l, car le précédent avait des problèmes de refroidissement (il avait même explosé lors d'essais !). En dépit de cela, la production de la voiture demeurait une incroyable réalisation.

Seules les lignes provocantes de l'avant vers l'arrière de ce bolide angulaire ne changeaient pas. Le refroidissement demeurait un problème ; c'est pour cette raison que les aérations originales ne furent pas modifiées. Reste que la voiture faisait toujours penser à un vaisseau spatial tiré d'un roman de science-fiction : elle conservait ses portes à élytre que les passants ne pouvaient pas manquer d'admirer dès lors que la Countach se garait devant un restaurant ou un théâtre.

Le moteur V12 en position centrale arrière était monté longitudinalement avec la boîte de vitesses à l'avant afin d'améliorer la répartition du poids. Initialement, l'alimentation se faisait par trois carburateurs Weber à double corps latéraux par banc de cylindres, avant d'être remplacés par un système à injection. La Countach d'origine fournissait 375 ch à 8 000 tr/min et 499 Nm de couple à 5 500 tr/min, faisant le 0-100 km/h en 5,6 s pour une vitesse maximale de 274 km/h,

bien en deçà des 322 km/h prévus dans la version 5 l.
Signalons au passage que la Countach n'a jamais atteint
les 322 km/h, même plus tard lorsque le modèle 5000 QV
fut introduit en 1985 et que son moteur de 5 l fournissait
455 ch – supérieur donc au prototype original.

La Countach était magnifique mais son aérodynamisme
ne fut jamais à la hauteur du modèle et son coefficient
de pénétration dans l'air de 0,4 signifie que la vitesse maximale
des voitures du 25e anniversaire n'atteignait que 306 km/h.
Certes la Countach pouvait passer pour excessive mais elle
fut produite pendant 20 ans. Si elle subit des changements,
elle ne perdit en revanche jamais l'appétit du public. Sa
production cessa en 1981, date à laquelle elle avait été produite
à plus de 2 000 exemplaires.

Mais le véritable fleuron commercial du constructeur
fut la Countach Anniversary, une voiture lancée en 1988 pour
marquer le 25e anniversaire de Lamborghini. Mécaniquement,
il s'agissait du même engin que la 5000 QV mais la coque
avait été substantiellement modifiée. C'est à cette date que
le constructeur fut racheté par Chrysler, qui milita pour ajouter
du confort à la voiture, comme l'air conditionné ou les vitres
électriques. En tout, 650 exemplaires du dernier modèle
furent vendus, en dépit du fait que le véhicule avait presque
20 ans d'âge.

Lamborghini Gallardo

Un nouveau chapitre s'ouvrit pour Lamborghini en 1998, quand la filiale du groupe Volkswagen, Audi, acheta l'entreprise du fils aîné du président indonésien Suharto, Tommy, qui disposait de la majorité des parts dès 1988 avec sa prise de participation dans le groupe Chrysler. À l'époque, l'entreprise italienne fabriquait environ 200 Diablo par an, mais Audi avait de l'ambition. Sa première tâche fut de créer une série de voitures dont la première fut la Murcielago, en 2002. La Gallardo, lancée en 2003, est intéressante car il s'agit de la première voiture totalement conçue et développée par Audi. Son succès fut immédiat ; elle réussissait à allier le savoir-faire allemand avec le cœur et l'âme du fabricant italien de supercars.

Comme toutes les Lamborghini, la Gallardo ne passe pas inaperçue. Sa carrosserie en aluminium est angulaire, agressive et basse ; ses phares avant sont en forme de lames sous lesquels sont situées des entrées d'air imposantes. Le design est l'œuvre d'Italdesign-Giugiaro, avec quelques touches pour les finitions du Styling Center de Lamborghini. Les éléments de la carrosserie en aluminium sont montés sur un châssis de type SpaceFrame léger mais très résistant avec double suspension en triangle à l'avant et à l'arrière, des freins Brembo et des pneus Pirelli Pzero.

Au cœur de la Gallardo se trouve un moteur V10 récemment développé, dont le bloc et les culasses sont fabriqués par Cosworth. Le V10 5 l produit 500 ch à 7 800 tr/min et 510 Nm de couple à 4 500 tr/min. Dans la plus pure tradition des courses automobiles, il a un double calage de distribution variable et une lubrification à carter sec. La manette des gaz est commandée par un système Drive-by-Wire de commande électrique. La Gallardo offre deux transmissions : un classique H-Box six vitesses à transmission manuelle et, en option, une six vitesses électro-hydraulique contrôlée, semi-automatique à simple embrayage manuel séquentiel, le « e-gear ». Celle-ci permet au conducteur de faire des changements beaucoup plus rapide qu'en transmission manuelle.

Dans le monde des supercars, l'originalité de la Gallardo vient de son système de traction intégrale permanente qui distribue

LAMBORGHINI GALLARDO 2003

MOTEUR : V10 de 4 961 cm³

PUISSANCE MAXIMALE : 500 ch à 7 800 tr/min

COUPLE MAXIMAL : 510 Nm à 4 500 tr/min

VITESSE MAXIMALE : 317 km/h

ACCÉLÉRATION 0-100 KM/H : 3,9 s

TRANSMISSION : manuelle à 6 vitesses

LONGUEUR : 4,300 m

LARGEUR : 1,900 m

HAUTEUR : 1,165 m

EMPATTEMENT : 2,560 m

DATE DE PRODUCTION : depuis 2003

FREINS : à disques (AV et AR)

SUSPENSION : double triangulation (AV et AR)

JANTES : aluminium, 19 pouces

PNEUS : 235/35 ZR-19 (AV), 295/30 ZR-19 (AR)

normalement 70 % de la puissance à l'arrière et 30 % à l'avant. Des couplages visqueux permettent de changer les rapports à vitesse élevée ou lors de freinages brutaux pour négocier un virage sec, offrant ainsi une traction maximum quelles que soient les conditions de route. Les ingénieurs prêtèrent une attention toute particulière à la répartition du poids (42 % à l'avant et 58 % à l'arrière), jugée par les ingénieurs comme étant l'idéal pour une sportive.

Le moteur de la Gallardo fait le 0-110 km/h en 3,9 s et atteint la vitesse maximale de 317 km/h. Le système de traction intégrale, parfaitement équilibré, la direction incroyablement précise et la tenue du véhicule signifient que le potentiel des performances peut être réalisé par des conducteurs amateurs. Dans le monde des supercars, la Gallardo est aussi très pratique : elle est assez spacieuse pour deux personnes, les portes conventionnelles s'ouvrent largement, ce qui facilite l'accès à l'habitacle, et on trouve un espace pour le rangement des bagages à l'avant.

Peu de temps après le lancement de la Gallardo, deux autres modèles furent ajoutés à la série : une décapotable et une Superleggera (« super-légère » en italien), qui est allégée de 91 kg et dont le V10 fournit 10 ch de plus, permettant des accélérations foudroyantes. Le logo de Lamborghini représente un taureau et c'est de là que la Gallardo tire son nom (les Gallardo étant une race de taureaux de combat). La voiture est la preuve que Lamborghini sait aussi se battre sur le marché : un an après son lancement, plus de 2 000 exemplaires de la Gallardo avaient été vendus.

Lamborghini Murciélago

LAMBORGHINI MURCIÉLAGO 2002

MOTEUR : V12 de 6 192 cm³

PUISSANCE MAXIMALE : 580 ch à 7 500 tr/min

COUPLE MAXIMAL : 650 Nm à 5 400 tr/min

VITESSE MAXIMALE : 330 km/h

ACCÉLÉRATION 0-100 KM/H : 3,85 s

TRANSMISSION : manuelle à 6 vitesses

LONGUEUR : 4,580 m

LARGEUR : 2,045 m

HAUTEUR : 1,135 m

EMPATTEMENT : 2,665 m

DATE DE PRODUCTION : depuis 2002

FREINS : à disques (AV et AR)

SUSPENSION : double triangulation (AV et AR)

JANTES : aluminium, 18 pouces

PNEUS : 245/35 ZR-18 (AV), 335/30 ZR-18 (AR)

Lorsque Audi prit le contrôle de Lamborghini en 1998, le modèle dessiné par Giovanni Bertone prévu pour succéder à la Diablo était près de la production mais fut abandonné par les nouveaux propriétaires, qui lui préféraient le design du responsable d'Audi, le Belge Luc Donckerwolke.

En 2002, ce nouveau modèle, baptisé Murciélago, fit l'objet du plus impressionnant des plans de lancement jamais organisés pour une nouvelle voiture. Des centaines de journalistes, de propriétaires, de concessionnaires et de VIP se rassemblèrent sur les pentes de l'Etna, en Sicile, où fut dévoilée la voiture à l'occasion d'un magnifique spectacle son et lumière (y compris l'éruption de lave artificielle).

De retour à la réalité, certains n'apprécièrent guère le design du nouveau supercar, mais il s'agissait surtout de quelques inconditionnels de Lamborghini qui avait du mal à accepter qu'un Belge puisse créer un chef-d'œuvre italien. La Murciélago était plus angulaire que la Diablo qu'elle remplaçait, mais elle n'avait pas la netteté du profil de la Countach d'origine. Sa carrosserie comportait des lignes avant aux arêtes effilées combinées avec des courbes plus classiques. Inutile de dire que les entrées et les sorties d'air imposantes étaient toujours là, ainsi que les grandes portes à élytre, typiques de Lamborghini.

Le châssis était une structure tubulaire en acier très résistant dont certains éléments, comme le plancher, étaient en fibre de carbone. Toutes les parties extérieures étaient en fibre de carbone, à l'exception du toit et des montants des portes, en acier.

Le moteur, dérivé d'un modèle vieux de 30 ans qui avait équipé la Countach pendant toutes ces années, fut amélioré pour la Murciélago avec les dernières avancées technologiques, comme le double calage de distribution variable contrôlé électroniquement, la manette des gaz contrôlée par le système Drive-by-Wire et un système à induction variable. Il disposait également d'un système de lubrification à carter sec ce qui permettait de rabaisser de 50 mm le moteur, et donc le centre de gravité, tout en améliorant la conduite. La cylindrée passa à 6 192 cm^3, la puissance du moteur fut développée à 580 ch à 7 500 tr/min et le couple à 650 Nm à 5 400 tr/min. Les performances du véhicule étaient tout aussi impressionnantes que l'apparence de l'engin : 0-100 km/h en 3,85 s et vitesse maximale de quelque 330 km/h.

La maniabilité de l'engin était aussi importante que ses performances pures. La souplesse de sa courbe de couple et son système de gestion électronique du moteur la rendaient plus maniable dans la circulation. Sa tenue de route, sa stabilité et son adhérence à grande vitesse furent également grandement ajustées grâce à la rigidité de sa structure, un centre de gravité abaissé, un aérodynamisme rénové et des suspensions parfaitement réglées.

Le coefficient de pénétration dans l'air de la Murciélago est particulièrement faible bien que pour des questions de stabilité, les ingénieurs décidèrent de l'équiper d'un aileron arrière ajustable accroissant la portance négative (et donc la résistance) à des vitesses élevées. Le béquet arrière fait corps avec la carrosserie de la voiture jusqu'à ce qu'elle atteigne la vitesse de 129 km/h, où il s'incline alors à 50°, puis à 217 km/h avec une inclinaison de 70° qui génère suffisamment de portance négative pour que le véhicule soit parfaitement stable, même à des vitesses supérieures à 299 km/h.

Le système de traction intégrale permanente est standard, ainsi que la transmission manuelle à 6 rapports, bien qu'un an après le lancement, une nouvelle boîte de vitesse e-gear séquentielle fût offerte en option. La disposition du moteur est typique de Lamborghini, en position centrale-arrière, la transmission montée à l'avant du moteur avec un différentiel arrière intégré au moteur et un couplage visqueux central permettant d'ajuster le couple entre les roues arrière et avant afin de maintenir une traction optimale.

Lamborghini lança une Murciélago décapotable en 2004, et en 2006, présenta une version améliorée, la Murciélago LP640, avec toit fermé ou décapotable et équipée d'un nouveau moteur V12 6 496 cm^3, développant 640 ch à 8 000 tr/min et 660 Nm de couple à 6 000 tr/min. Avec ce modèle, le temps d'accélération de 0 à 100 km/h était tombé à 3,4 s, et la vitesse maximale officielle stable à 330 km/h. Lors du lancement, le roadster fut qualifié par Lamborghini de décapotable la plus rapide sur route.

Lotus Esprit Turbo

LOTUS ESPRIT TURBO 1980

MOTEUR : 2 174 cm³, quatre cylindres en ligne

PUISSANCE MAXIMALE : 210 ch à 6 250 tr/min

COUPLE MAXIMAL : 271 Nm à 4 500 tr/min

VITESSE MAXIMALE : 241 km/h

ACCÉLÉRATION 0-100 KM/H : 5,6 s

TRANSMISSION : manuelle à 5 vitesses

LONGUEUR : 4,191 m

LARGEUR : 1,852 m

HAUTEUR : 1,118 m

EMPATTEMENT : 2,438 m

DATE DE PRODUCTION : 1980-1992

FREINS : à disques (AV et AR)

SUSPENSION : triangle supérieur (AV), bras longitudinaux (AR)

JANTES : aluminium, 15 pouces

PNEUS : 195/60 VR-15 (AV), 235/60 VR-15 (AR)

La Lotus Esprit – le modèle qui a remplacé la biplace Lotus Europa avec moteur en position centrale arrière – date de 1972, lorsque Giorgio Giugiaro d'ItalDesign dévoila le concept car Silver Car élaboré à partir du châssis d'une Europa. Le style était étonnant, angulaire, façon « papier plié », se servant de lignes droites pour créer une forme à arêtes nettes visuellement saisissantes. Lotus décida de se lancer dans la production en série. C'est ainsi que le projet M70 naquit avant d'évoluer vers la Lotus Esprit, lancée lors du Salon automobile de Paris en 1975.

L'année suivante, le modèle en série sortait des usines. Il était équipé d'un moteur Lotus 2 l à quatre cylindres développant 160 ch, et d'une transmission manuelle à cinq rapports qui constituait la transmission arrière. La puissance était limitée mais, comme l'Esprit ne pesait guère plus de 1 t et qu'elle était plus maniable que la Lotus, ses performances étaient étonnantes. (Selon le constructeur, elle faisait le 0-100 km/h en 6,8 s pour une vitesse maximale, sans doute exagérée, de 222 km/h. Les données actuelles suggèrent le 0-100 km/h en 8 s et une vitesse maximale de 214 km/h.)

Ce n'est cependant pas tout. En 1980, Lotus organisa une manifestation au Royal Albert Hall de Londres, où le constructeur dévoila une nouvelle Esprit suralimentée, resplendissante aux couleurs de l'écurie F1. Essex Lotus Giugiaro avait été chargé de revoir la carrosserie de sa nouvelle Esprit Turbo, où se dissimulaient les différents éléments mécaniques de cette toute nouvelle voiture.

Sa nouvelle colonne vertébrale était constituée d'un châssis-cadre, de suspensions arrière révisées et d'un coefficient aérodynamique amélioré. Mais le plus important était le moteur : un quatre cylindres 2,2 l alésé auquel avait été ajouté un turbocompresseur, faisant passer sa puissance à 210 ch à 6 250 tr/min et son couple maximal à 271 Nm à 4 500 tr/min. Le moteur avait été réglé de façon à produire l'essentiel du couple à bas régime, offrant plus de flexibilité à la voiture, alors que les premiers modèles turbocompressés souffraient d'un retard dans l'allumage du turbo. Peu d'autres modifications furent effectuées pour gérer ce supplément de puissance, une sorte d'hommage à l'Esprit originale, si ce n'est un embrayage plus long avec des freins à disque plus larges.

À 24 600 euros, la Lotus Esprit Turbo n'était pas bon marché mais cela se justifiait par son statut de véritable supercar. Elle faisait le 0-100 km/h en 5,6 s et atteignait une vitesse maximale de 241 km/h. Mieux encore, elle tenait extrêmement bien la route, son niveau d'adhérence était très élevé et sa direction parfaitement équilibrée. Dans ces conditions, il n'est pas surprenant qu'un observateur qui avait essayé la voiture la qualifia de « parfaite ».

Les 100 premiers exemplaires sortis des chaînes de fabrication possédaient tous la même livrée inspirée par la F1 de l'Essex Lotus apparue sur la première Turbo. De plus, ils avaient l'air conditionné, un système de stéréo ultramoderne et des garnitures intérieures en cuir rouge. En 1980, le constructeur revint à des choix de couleurs plus classiques et le prix tomba à 19 864 euros, l'air conditionné et la stéréo étant désormais en options.

La voiture fit également l'objet d'une énorme campagne de publicité cette année-là lorsqu'elle apparut dans le film de James Bond *Rien que pour vos yeux*. C'est la deuxième fois qu'une Esprit se retrouvait dans un film du célèbre agent secret : en 1977, une Esprit à combustion interne était apparue dans *L'espion qui m'aimait* dans lequel la voiture se transformait en sous-marin.

En 1986, l'Esprit Turbo accrut sa puissance avec un moteur haute compression. Ces modèles High Compression (Esprit Turbo HC) fournissaient 215 ch, mais surtout le couple fut augmenté à 300 Nm, améliorant le comportement routier du supercar. L'Esprit Turbo continua à être produite après 1987 avec une carrosserie beaucoup plus courbe dessinée par Peter Stevens, qui est à l'origine du style de la McLaren F1. Mais pour beaucoup seul le style original de Giugiaro/ItalDesign est digne d'une vraie Lotus.

Maserati Bora

La star du Salon de l'automobile de Genève, en 1971, était un étonnant supercar à moteur central arrière présenté au stand Maserati dont la carrosserie avait été dessinée par Giorgetto Giugiaro et la conception mécanique par l'ingénieur en chef de Maserati, Giulio Alferi. La Maserati Bora fut la première voiture produite par le constructeur italien depuis son rachat par Citroën en 1968. Elle reflétait la nouvelle direction que les supercars prenaient, abandonnant le moteur à l'avant pour privilégier un moteur central arrière. De Tomaso avait sa Mangusta et Lamborghini sa Miura. C'était désormais au tour de Maserati.

La monocoque de la Bora était en acier avec un berceau arrière en acier séparé sur lequel étaient montés moteur et transmission. Cette conception permettait de réduire les vibrations du côté passager mais aussi de créer un rapport de distribution du poids avant et arrière de 42/58, avec un impact positif sur la maniabilité de l'engin. Les parties en acier de la carrosserie étaient construites par Officine Padane de Modène en Italie. Si la suspension était classique, triangulée avec des ressorts à lames, des amortisseurs et des barres antiroulis à l'avant et à l'arrière, c'était cependant la première fois que Maserati offrait une suspension arrière totalement indépendante. Le système de freinage de la Bora, aussi une première pour Maserati, était hérité de Citroën et fonctionnait avec un circuit hydraulique à haute pression pour les freins à disque ventilés. Ce même circuit hydraulique activait l'embrayage, les phares escamotables et surtout le pédalier qui pouvait être avancé ou reculé par rapport au siège fixe du conducteur.

Le moteur central arrière était un Maserati 4 719 cm^3 V8 avec quatre carburateurs Weber, monté longitudinalement et relié aux roues arrière par une transmission ZF à 5 rapports. Pour le marché européen, la puissance du moteur était de 310 ch à 6 000 tr/min avec un couple maximal de 440 Nm à 4 200 tr/min. Selon le constructeur, la Bora faisait le 0-100 km/h en 7,1 s mais le magazine britannique *Autocar* affirme avoir fait le 0-100 km/h en 6,5 s et le 0-160 km/h en 15,3 s. La vitesse maximale était proche de 274 km/h, la première tient jusqu'environ 50 km/h, puis le second rapport jusqu'au moins 129 km/h, la troisième vitesse jusqu'à 193 km/h, le quatrième rapport jusqu'à 237 km/h et la cinquième jusqu'à 270 km/h. Pour le marché américain la puissance était moins élevée en raison des normes antipollution et, naturellement, les performances en souffrirent.

Si ses performances faisaient de la Maserati Bora un supercar, que dire de son apparence ? Sa silhouette était trapue en forme d'obus et basse. Elle avait une immense lunette arrière presque horizontale tombant sur un arrière tronqué, un pare-brise avant de grande taille ainsi qu'un grand panneau vitré au-dessus du compartiment à moteur et de larges vitres latérales. Le toit en acier inoxydable et les pavillons qui contrastaient avec la couleur de la carrosserie étaient typiques de la Bora, dont le design portait les marques des premières Ghibli, ce qui n'est pas surprenant compte tenu du fait qu'il était dû à Giugiaro. Autre trait distinctif de la Bora : les jantes en aluminium de chez Campagnolo avec leur enjoliveur poli en acier inoxydable.

Pour un supercar, les ingénieurs avaient prêté une attention toute particulière au confort et au luxe. D'abord, le passager était isolé du bruit du moteur par un panneau moquetté en aluminium amovible. De plus la vitre entre le passager et le moteur était en double vitrage. La voiture disposait de l'air conditionné et de vitres électriques. De plus, la Bora avait certaines fonctionnalités absentes dans les modèles précédents, comme un espace de rangement modeste pour les bagages sous le capot avant.

Plus tard, en 1975, Maserati équipa la Bora d'un moteur 4,9 l développant 320 ch à 5 500 tr/min et un couple maximal de 454 Nm à 4 000 tr/min. Lorsque la production de la Bora cessa en 1979, 524 exemplaires avaient été construits. La Bora inspira également le coupé 2+2 Maserati Merak commercialisé entre 1972 et 1983. Celui-ci avait un moteur V6 plus petit, que l'on trouvait également sur la Citroën SM, afin de dégager de l'espace pour des sièges arrière rudimentaires.

MASERATI BORA 1973

MOTEUR : V8 de 4 719 cm³

PUISSANCE MAXIMALE : 310 ch à 6 000 tr/min

COUPLE MAXIMAL : 440 Nm à 4 200 tr/min

VITESSE MAXIMALE : 274 km/h

ACCÉLÉRATION 0-100 KM/H : 7,1 s

TRANSMISSION : manuelle à 5 vitesses

LONGUEUR : 4,328 m

LARGEUR : 1,730 m

HAUTEUR : 1,133 m

EMPATTEMENT : 2,596 m

DATE DE PRODUCTION : 1971-1979

FREINS : à disques (AV et AR)

SUSPENSION : triangle indépendant (AV et AR)

JANTES : aluminium, 15 pouces

PNEUS : 215/70 VR-15

McLaren F1

MCLAREN F1 1994

MOTEUR : 6 064 cm³ V12

PUISSANCE MAXIMALE : 627 ch à 7 400 tr/min

COUPLE MAXIMAL : 649 Nm à 5 600 tr/min

VITESSE MAXIMALE : 372 km/h

ACCÉLÉRATION 0-100 KM/H : 3,2 s

TRANSMISSION : manuelle à 6 vitesses

LONGUEUR : 4,288 m

LARGEUR : 1,820 m

HAUTEUR : 1,140 m

EMPATTEMENT : 2,718 m

DATE DE PRODUCTION : 1994-1997

FREINS : à disque (AV et AR)

SUSPENSION : double triangulation superposée (AV et AR)

JANTES : alliage, 17 pouces

PNEUS : 235/45 ZR-17 (AV), 315/45 ZR-17 (AR)

La McLaren F1 fut conçue pour être le plus grand supercar jamais construit. Elle n'était pas seulement censée être la plus rapide, même si ce fut le cas. Ni la plus onéreuse, même si cela aussi fut vrai. Il s'agissait de refuser tout compromis en matière de conception, de design et de technique. Si l'or était le meilleur réflecteur de la chaleur, de l'or serait utilisé pour la baie moteur. Si surcompression et turbocompression entraînaient d'infimes décalages entre le moment où le pilote poussait les gaz et celui ou le moteur répondait, un nouveau moteur atmosphérique serait mis au point. Et si le matériau le plus résistant et le plus léger de la structure de la voiture était la fibre de carbone, telle serait la spécification, quel qu'en soit le coût.

La F1 fut conçue par Gordon Murray, un ingénieur sud africain qui s'était fait un nom dans l'équipe de formule 1 de Brabham en créant une série de designs novateurs qui poussèrent les limites de la technologie et des réglementations. Le design fut signé Peter Stevens, qui travailla avec Murray pour créer une voiture à la fois élégante et superbement agencée. Les deux hommes voulant éviter de gros béquets disgracieux, la F1 fut conçue pour intégrer l'aérodynamisme à effet de surface de style Formule 1 pour assurer une stabilité à grande vitesse.

Murray était obsédé par le poids, qu'il voulait faible, son ambition étant que la F1 ne pèse pas plus de 1 000 kg. Si ce ne fut finalement pas possible (son poids final fut de 1 140 kg), la recherche de la légèreté impliqua, entre autres, de créer une voiture extrêmement compacte. Pour fournir un espace intérieur correct, Murray décida d'une position de conduite centrale, avec des sièges passagers de part et d'autre, et un peu en retrait du conducteur. Entrer et sortir imposait donc une petite gymnastique mais, une fois installé, le conducteur était parfaitement placé pour apprécier une expérience de conduite sans égale.

Le V12 six litres à montage central que BMW avait conçu selon les spécifications de Murray fut placé derrière l'habitacle passager. De conception légère, tout en alliage, il propulsait deux roues motrices arrières *via* une boîte six vitesses. Étant donné la nécessité d'alléger, et parce que Murray voulait que cet engin soit un vrai engin de pilote, la voiture n'a ni quatre roues motrices, ni assistance au freinage, ni contrôle de la traction, ni même système ABS. Mais de par le raffinement technique du châssis et la perfection aérodynamique, la F1 était plus que capable de gérer les 627 ch que délivrait le V12 à 7 400 tr/min. Elle était aussi capable de faire face à la plus grande vitesse qu'une voiture de route ait atteint alors – 372 km/h.

Quelques voitures furent construites pour la course, et la McLaren F1 rencontra un grand succès au Mans, avec une victoire dès sa première participation alors qu'elle avait été à l'origine conçue pour la route. C'étaient d'ailleurs ses performances sur route qui faisaient de la McLaren F1 le meilleur supercar jamais construit. Les chiffres étaient véritablement époustouflants : 0-100 km/h en à peine plus de 3 s, 0-160 km/h en 6,5 s, 0-200 km/h en 9,8 s et 0-320 km/h en moins de 30 s. Non seulement la McLaren F1 définit de nouveaux standards, mais elle plaça la barre si haut qu'il fallut attendre des années avant qu'un autre constructeur fabrique une voiture ayant une vitesse de pointe supérieure ou une meilleure accélération. Et pourtant, paradoxalement, la F1 n'eut pas le succès commercial escompté. Elle fut lancée en 1992 pendant une période de crise économique et, bien que le projet original fût de vendre 350 exemplaires, seules 100 routières furent livrées avant que la production ne soit finalement arrêtée en 1997. Le prix, qui s'élevait à 760 500 euros, témoigne de la volonté du constructeur de concevoir cet engin sans tenir compte des coûts du programme de développement, et pourtant McLaren aurait néanmoins perdu de l'argent sur ce projet.

Mercedes-Benz SLR McLaren Roadster

La Mercedes-Benz SLR McLaren en 2003, quand Mercedes-Benz et son partenaire de Formule 1 McLaren décidèrent de s'associer pour créer un nouveau supercar de route. La partie « SLR » du nom est importante parce qu'elle unit la légende des modèles de course ultra-performants SLR des années 1950 à la technologie de pointe des véhicules de Formule 1 modernes de l'équipe Vodafone-McLaren-Mercedes.

Des éléments stylistiques, comme le museau effilé, établissaient un lien visuel avec les voitures de course modernes, tandis que la légendaire SLR des années 1950 s'exprimait dans les fentes d'aération latérales, les tuyaux latéraux placés derrière les roues avant et les larges portes papillon caractéristiques. Mercedes-Benz et McLaren proposèrent d'abord une version coupée de la SLR en 2004, puis un roadster décapotable en 2007.

Hormis les deux bâtis moteurs en aluminium, la structure est entièrement en plastique renforcé de fibre de carbone, ce qui assure une grande légèreté, une résistance prodigieuse – et donc la sécurité du passager en cas d'accident – et un degré de rigidité en torsion encore inégalé par une décapotable. Sa capote de toile s'ouvre et se ferme en moins de 10 s pour que la voiture soit utilisable par tous les temps. Son design fut adapté en soufflerie pour garantir l'optimisation de la tenue à vitesse élevée et de l'aérodynamisme. Il est intéressant de noter que l'aéroacoustique a aussi été étudiée de sorte qu'il reste possible d'avoir une conversation normale à 200 km/h, capote ouverte !

La SLR est avant tout une affaire de performance. Son moteur V8 AMG 5 l surcomprimé est placé centralement à l'avant pour une répartition optimum du poids et est associé à une boîte automatique AMG Speedshift R à 5 vitesses avec des palettes d'embrayage au volant. La puissance maximale est de 617 ch

MERCEDES-BENZ SLR MCLAREN ROADSTER 2007

MOTEUR : 5 439 cm³ V8

PUISSANCE MAXIMALE : 617 ch à 6 500 tr/min

COUPLE MAXIMAL : 780 Nm à 3 250-5 000 tr/min

VITESSE MAXIMALE : 323 km/h

ACCÉLÉRATION 0-100 KM/H : 3,8 s

TRANSMISSION : automatique à 5 vitesses

LONGUEUR : 4,656 m

LARGEUR : 1,908 m

HAUTEUR : 1,261 m

EMPATTEMENT : 2,700 m

DATE DE PRODUCTION : 2007 à nos jours

FREINS : à disque (AV et AR)

SUSPENSION : double triangulation superposée (AV et AR)

JANTES : alliage, 18 pouces

PNEUS : 245/40 ZR-18 (AV), 295/35 ZR-18 (AR)

de vitesse à portée des doigts, un bouton starter qui devient rouge lorsque la clé est insérée et une bonne dose d'aluminium et de cuir. Bien que partageant son concept de base avec le coupé, la SLR Roadster a plus de 500 composants soit nouveaux, soit revus. La capote souple est nouvelle et des modifications furent apportées au couvercle de coffre, au pare-brise, aux portières, aux ailes arrières et aux arceaux de sécurité.

La Mercedes-Benz SLR Roadster, comme le coupé avant elle, fut fabriquée dans l'usine de Formule 1 de McLaren à Woking, en Angleterre. Elle ne se contente pas d'être la décapotable la plus rapide à porter le logo Mercedes-Benz, elle est également la plus chère, avec un prix de 420 000 euros – un peu plus que les 400 000 euros du coupé. Mais pour les rares élus, la SLR Roadster est LA solution pour une stimulation des sens. Elle offre toutes les performances de conduite, la technologie et le design de la SLR Coupé auxquelles s'ajoute la jouissance d'une conduite décapotée, ce qui en fait un supercar unique.

à 6 500 tr/min. Son couple maximal de 780 nm à 3 250 tr/min fournit une accélération renversante : 3,8 s de 0 à 100 km/h. Elle affiche une vitesse de pointe de 323 km/h. Malgré son poids supplémentaire, le roadster est à peine plus lent que le coupé, qui peut atteindre une vitesse de 333 km/h.

La SLR Roadster est équipée d'un système de freinage électrohydraulique avancé qui utilise des freins en céramique légers renforcés de fibre de carbone. Un très haut niveau de sécurité est assuré par des éléments uniques de protection contre les chocs en fibre de carbone, des baies de pare-brise en acier renforcé et deux arceaux de sécurité fixes. Les spécifications complètes comportent également des airbags adaptatifs, des airbags au niveau des genoux et latéraux ainsi que des tendeurs de ceintures de sécurité et un système de contrôle de la pression des pneus.

Le style de la SLR Roadster est apparenté à celui du coupé : un capot long et un arrière court et fuselé, des portes papillon à ouverture vers l'avant, des aérations latérales massives et des tuyaux d'échappements latéraux. Sans oublier son aérodynamique active, avec un béquet monté sur le frein à air arrière. L'angle du béquet étant à inclinaison variable, la quantité de portance négative fournie est accrue. L'habitacle accueille des sièges sport en fibre de carbone qui épousent le corps, un volant sportif à changement

Mercedes-Benz SLR McLaren Stirling Moss

La dernière SLR, sans toit ni pare-brise, qui vise à apporter une pure jouissance à vitesse élevée, tire son nom de l'un des plus grands pilotes de Mercedes-Benz SLR. Stirling Moss, et son copilote Denis Jenkinson, remportèrent en 1955 le Mille Miglia, une course sur routes normales à travers le centre de l'Italie, à une vitesse moyenne de plus de 161 km/h. Il parcourut plus de 1 610 km en 10 h, 7 min et 48 s, et c'est toujours lui qui détient le record du Mille Miglia. C'était un exploit monstrueux, et la voiture qui porte aujourd'hui son nom est tout aussi incroyable. Tout d'abord, la SLR Stirling Moss fait le 0-100 km/h en 3,5 s pour filer à une vitesse de pointe de 349 km/h, propulsée par un moteur V8 surcomprimé développant une puissance incroyable de 650 ch.

Selon Mercedes-Benz, la nouvelle SLR Stirling Moss rassemble le tempérament des modèles de SLR actuels et le magnétisme de la SLR de 1955. Les valeurs des modèles de SLR anciens et actuels sont alliées à un design électrisant, une technologie innovante, des matériaux de tout premier ordre démontrant un savoir-faire parfait et, surtout, une expérience de conduite unique. Pour garantir la légèreté du véhicule, l'intégralité de la carrosserie est en fibre de carbone. Le design fuselé se traduit par un capot d'une longueur frappante et un arrière musclé et compact, où deux prises d'air placées derrière le pilote et le passager masquent des arceaux supplémentaires. Des ailes profilées à fentes de ventilation évoquent la 300 SLR des années 1950. À l'instar de l'originale, la SLR Stirling a de hautes jupes latérales, qui poussèrent les designers à intégrer des portières basculantes à ouverture vers l'avant.

Le cockpit, sculpté en fibre de carbone et aluminium, est réduit à son strict minimum. Une plaquette en aluminium sur laquelle est gravée la signature de Stirling Moss est placée autour du levier de vitesses. Les sièges en cuir sont à peu près la seule concession au confort pour les passagers. Ce thème spartiate s'étend même à la protection contre les éléments – il n'y a ni toit ni vitre latérale, tout juste deux brise-vent de quelques centimètres pour détourner le flux au-dessus de la tête des occupants. Si la voiture doit être garée à l'extérieur, elle peut être fermée par deux couvre-tonneau, transportés dans le coffre.

Bien qu'elle ne ressemble absolument pas à la Mercedes-Benz SLR McLaren « standard », cette voiture appartient clairement à la même lignée. Elles partagent le même concept aérodynamique qui associe un soubassement de carrosserie fermé à un diffuseur dans le pare-chocs arrière pour un maximum de portance négative possible à l'arrière, même si sur la Stirling Moss, ce diffuseur est bien plus gros que celui du coupé et du roadster. Et quand, aux vitesses les plus élevées, même la déportance générée par le diffuseur a besoin d'un peu d'aide , un frein à air à commande manuelle augmente encore la pression. Celui-ci peut être également soulevé pendant des freinages puissants à des vitesses supérieures à 121 km/h pour garantir une stabilité maximale.

Pourtant, malgré le manque de confort standard et le très haut potentiel de performances de ce tout dernier supercar de l'écurie Mercedes-Benz, la SLR Stirling Moss n'est pas destinée aux

circuits, mais plutôt à des personnes ayant des exigences raffinées et qui nourrissent des rêves très particuliers. Il faut dire également que cette voiture est destinée aux gens extrêmement riches, puisque son prix s'élève à 750 000 euros. Précisons aussi qu'elle n'est accessible qu'aux seuls propriétaires existants de Mercedes-Benz SLR McLaren : eux seuls auront la possibilité d'acheter l'un des 75 exemplaires en construction. Pour les heureux élus, ce supercar a toutes les chances de devenir un véritable bijou de collectionneur car il est prévu que ce sera la dernière SLR construite : ces SLR Stirling Moss, aux châssis numérotés de 1 à 75, marqueront la fin de l'époque de la SLR.

MERCEDES-BENZ SLR MCLAREN STIRLING MOSS 2009

MOTEUR : 5 439 cm³ V8

PUISSANCE MAXIMALE : 650 ch à 6 500 tr/min

COUPLE MAXIMAL : 820 Nm à 4 000 tr/min

VITESSE MAXIMALE : 349 km/h

ACCÉLÉRATION 0-100 KM/H : 3.5 s

TRANSMISSION : automatique à 5 vitesses

LONGUEUR : 4,820 m

LARGEUR : 2,194 m

HAUTEUR : 1,220 m

EMPATTEMENT : 2,700 m

DATE DE PRODUCTION : 2009 à nos jours

FREINS : à disques (AV et AR)

SUSPENSION : double triangulation superposée (AV et AR)

JANTES : alliage, 19 pouces

PNEUS : 255/35 ZR-19 (AV), 295/30 ZR-19 (AR)

Morgan Aero 8

Morgan, le plus traditionnel des constructeurs britanniques, lance un nouveau modèle une fois tous les 30 ans environ. Ainsi, l'excitation flottait dans l'air du salon de l'automobile de Genève 2000 lorsque le directeur général Peter Morgan se prépara à dévoiler l'Aero 8. Un silence de stupeur accueillit la nouvelle voiture qui, bien que sans conteste une Morgan, avait un habitacle étroit, une carrosserie aérodynamique et de très étranges phares. Elle divisa l'opinion : les spectateurs – et vraisemblablement aussi les clients de Morgan – l'aimèrent ou la détestèrent. Nul ne pouvait rester indifférent face à un tel design.

C'était un risque à prendre pour cette entreprise familiale. Morgan avait déjà tenté une fois par le passé de persuader ses clients de passer à un design plus moderne. Sa Plus Four Plus, lancée en 1964, était un élégant coupé au style assez similaire à la MGA. Elle était bien confortable que la Morgan traditionnelle et avait une meilleure aérodynamique, mais ce fut un monumental échec commercial parce que les clients de Morgan préféraient simplement le design d'avant-guerre, plus ancien.

L'aspect le plus radical de l'Aero 8 tient à sa construction. Adieu le cadre en bois traditionnel des Morgan, remplacé par un châssis en alliage d'aluminium sur lequel sont assemblés des panneaux de carrosserie en aluminium. À l'époque, c'était non seulement révolutionnaire pour Morgan, mais c'était aussi une première dans le secteur : Morgan employa des panneaux en aluminium embouti beaucoup plus tôt qu'Aston Martin ou Bentley, et son châssis utilisait la même technologie que celle de l'Elise de Lotus.

Autre innovation pour Morgan, la suspension indépendante avec un bras supérieur à cantilever et un triangle inférieur à ressorts hélicoïdaux internes et amortisseurs à l'avant, et triangles transversaux à ressorts hélicoïdaux internes montés en porte à faux et amortisseurs à l'arrière. Dans la version originale de 2002, la puissance provenait d'un V8 4 398 cm³ de conception BMW développant 286 ch à 5 400 tr/min et 440 Nm de couple à 3 600 tr/min, associé à une boîte six rapports, roues arrières motrices. C'était plus que suffisant pour passer de 0 à 100 km/h en 4,5 s et offrir une vitesse de pointe frôlant les 256 km/h.

MORGAN AERO 8 2002	
MOTEUR : 4 398 cm³ V8	**LARGEUR :** 1,770 m
PUISSANCE MAXIMALE : 286 km/h à 5 400 tr/min	**HAUTEUR :** 1,200 m
COUPLE MAXIMAL : 440 Nm à 3 600 tr/min	**EMPATTEMENT :** 2,525 m
VITESSE MAXIMALE : 256 km/h	**DATE DE PRODUCTION :** 2000 à nos jours
ACCÉLÉRATION 0-100 KM/H : 4,5 s	**FREINS :** à disque (AV et AR)
TRANSMISSION : manuelle à 6 vitesses	**SUSPENSION :** triangle inférieur indépendant, triangle transversal indépendant (AR)
LONGUEUR : 4,120 m	**JANTES :** alliage, 18 pouces
	PNEUS : 255/40 ZR-18

L'Aero 8 est fabuleusement rapide, mais l'ensemble de la voiture a été conçu pour y faire face. Elle a d'énormes freins à disque, tous équipés de l'ABS, d'une distribution électronique de la force de freinage et d'un ESP pour éviter le blocage. Elle dispose d'une direction électrohydraulique pour fournir une assistance à faible vitesse sans perturber la précision de la direction à grande vitesse. Et malgré l'absence de barres antiroulis, elle prend les virages sans que le passager ne soit déporté, grâce à la suspension de conception Morgan, qui offre à la fois une conduite raisonnable, ainsi qu'une adhérence et un équilibre extraordinaires.

À de nombreux égards, l'Aero 8 est une formidable voiture. Le seul problème, pour certains, était ces étranges phares bigleux. Ce point fut traité en 2007, lorsque l'avant fut revu pour intégrer des phares au xénon plus traditionnels. Dans le même temps, des changements mineurs furent apportés à l'arrière, dont l'ajout d'une petite queue de canard pour améliorer la stabilité.

Puis, en 2008, elle reçut un plus gros V8 BMW 4,8 l, et l'option d'une boîte manuelle ou automatique. Ce qui lui permit de développer une puissance maximale de 368 ch et une vitesse de pointe de 270 km/h. S'il faut toujours 4,5 s à la boîte manuelle pour accélérer de 0 à 100 km/h, l'automatique est plus rapide, enregistrant 4,2 s.

À la différence de la Morgan Plus Four Plus précédente, l'Aero 8 fut un énorme succès commercial pour l'entreprise : plus de 600 exemplaires de cette voiture sportive de construction artisanale ont été jusqu'à présent livrés à des clients. Il est possible qu'elle ait bénéficié des réussites de la voiture au Mans et dans le championnat d'Europe FIA GT3, mais la raison principale pour laquelle les clients ajoutent leur nom aux longues listes d'attentes de Morgan est que l'Aero 8 propose toutes les performances d'une Porsche 911 dans une voiture à la fois immédiatement reconnaissable et néanmoins rare.

Pagani Zonda

Horacio Pagani fut d'abord aide mécanicien chez Lamborghini. Se spécialisant dans les techniques de fabrication en fibre de carbone, il travailla au développement du Countach Evoluzione, la première voiture à être dotée d'un châssis en fibre de carbone. Il monta en 1988 son propre cabinet de conseil, et décrocha un contrat avec Lamborghini pour aider au développement des composites pour les modèles Diablo et Countach Anniversary. Entre-temps, Pagani avait commencé à travailler sur son propre projet : un supercar au nom de code « Projet C8 », qu'il voulait baptiser Fangio F1 en l'honneur de son pilote de course favori. En 1994, Mercedes-Benz accepta de lui fournir son moteur V12, mais il fallut encore cinq ans de dur labeur avant que la première voiture soit prête à être dévoilée au salon de l'automobile 1999 de Genève. Fangio étant déjà décédé à l'époque, le nom de la voiture fut changé en C12 Zonda, d'après un vent qui souffle dans la Cordillère des Andes.

Cette première Pagani Zonda, comme toutes les Zonda depuis, a un moteur monté derrière l'habitacle passager et deux roues arrière motrices. Son V12 Mercedes à réglage AMG développe 542 ch pour des performances éblouissantes : 0-100 km/h engloutis en 3,7 s, 0-160 km/h en 7,5 s et une vitesse de pointe frôlant les 354 km/h, pour l'une des voitures les plus rapides au monde. Et quelle allure, aussi, avec sa carrosserie en fibre de carbone et ses lignes trapues et aérodynamiques ! Affichée à 250 000 euros, elle ne fut jamais destinée à être produite en série, mais la société en a vendu en moyenne dix exemplaires par an depuis.

Les voitures étant fabriquées à la main, il était simple d'en modifier les spécifications, et Pagani proposa un modèle plus rapide en 2001, la C12 S. Pour la première fois, une version décapotable du modèle fut proposée, ainsi qu'un coupé. En 2002, le moteur gagna en puissance avec l'installation d'un nouveau V12 7291 cc qui développait 547 ch, faisant bondir la vitesse de pointe à 360 km/h et permettant d'avaler les 0-100 km/h en 3,5 s. Un autre modèle vint s'ajouter à la gamme en 2004 – la Zonda C12 S Monza. Avec plus de 600 ch à disposition, une carrosserie plus légère et une aérodynamique améliorée, elle apportait un tout nouveau degré de performances. Puis, en 2005, vint la Zonda F, qui, une fois encore, fut proposée en versions roadster et coupé et développait plus de 600 ch. Et pourtant, ce n'était pas fini.

Grâce à son V12 biturbo AMG à carter sec de 5 987 cm³ d'origine Mercedes-Benz, la Zonda R 2009 développe 750 ch à 7 500 tr/min et un couple de 710 Nm à 5 000 tr/min. Les roues arrière sont commandées par une transmission séquentielle à six rapports. Pour aider à transmettre autant de puissance à la route, le système de contrôle de la traction Bosch Motorsport réglable sur 12 niveaux est un équipement standard, tandis que pour assurer une puissance de freinage adéquate, de gros disques Brembo ventilés sont installés, avec des cantilevers six pistons à l'avant et quatre pistons à l'arrière. Le système de suspension utilise une double triangulation à bras de suspension forgée, des ressorts hélicoïdaux et des amortisseurs Öhlins réglables. Son châssis est en alliage carbone titane avec des panneaux de carrosserie en fibre

de carbone. L'économie de poids s'étend même à l'habitacle, où les sièges – conçus pour intégrer le dispositif de sécurité HANS de la F1 – sont également en fibre de carbone. S'il subsiste un doute sur le potentiel sportif de la voiture, celle-ci est aussi équipée d'une cage de retournement intégrale. Quant aux performances, selon Zonda, la R abat le 0 à 100 km/h en 2,7 s – un exploit tout simplement incroyable. Et pour parfaire le tout, sa vitesse de pointe est enregistrée à plus de 350 km/h. Les Zonda ont toujours été de vrais supercars, mais on peut dire que la Zonda R se situe dans une catégorie à part.

PAGANI ZONDA R 2009

MOTEUR : 5 987 cm^3 V12

PUISSANCE MAXIMALE : 750 ch à 7 500 tr/min

COUPLE MAXIMAL : 710 Nm à 5 000 tr/min

VITESSE MAXIMALE : 349 km/h

ACCÉLÉRATION 0-100 KM/H : 2,7 s

TRANSMISSION : séquentielle à 6 rapports

LONGUEUR : 4,775 m

LARGEUR : 2,055 m

HAUTEUR : 1,140 m

EMPATTEMENT : 2,780 m

DATE DE PRODUCTION : 2009 à nos jours

FREINS : à disque (AV et AR)

SUSPENSION : double triangulation indépendante (AV et AR)

JANTES : alliage, 19 pouces (AV), 20 pouces (AR)

PNEUS : 255/35 19 (AV), 335/30 20 (AR)

Porsche 911

Ferdinand Porsche était un génie de l'automobile. On lui doit l'Auto Union P-Wagen de 1934, une voiture de course à moteur V16, l'une des légendaires Silver Arrows qui dominèrent les grands prix jusqu'au début de la Seconde Guerre mondiale, le Tiger Tank pendant les hostilités et, par-dessus tout, la Coccinelle Volkswagen. Mais son nom est aussi associé à une voiture de sport maniable et légère, la Porsche 356, qu'il développa avec son fils Ferry.

À l'instar de la Coccinelle, la Porsche 356 avait un moteur quatre cylindres refroidi par air en position arrière, une suspension avant à bras longitudinal, et était construite avec un plancher et une carrosserie unitaires. Si les toutes premières carrosseries furent réalisées en aluminium, les suivantes furent toutes en acier. La puissance du moteur original à soupapes en tête 1,1 l n'était que de 40 ch, et pourtant la Porsche 356 se retrouva vite sur les circuits grâce à sa bonne aérodynamique et à sa conduite. Sa production dura jusqu'en 1965 et sa remplaçante suivit plusieurs de ses pistes conceptuelles et techniques.

La nouvelle voiture, la Porsche 901, fut présentée au salon de l'automobile de Francfort en 1963, sans faire grande impression, en particulier parce que ses 130 ch proposaient une puissance égale à celle de la dernière série de 356 Carreras 2,0 l. Néanmoins,

PORSCHE 911 2003

MOTEUR : 3 596 cm³ 6 cylindres à plat

PUISSANCE MAXIMALE : 320 ch à 6 800 tr/min

COUPLE MAXIMAL : 370 Nm à 4 250 tr/min

VITESSE MAXIMALE : 285 km/h

ACCÉLÉRATION 0-100 KM/H : 5,0 s

TRANSMISSION : manuelle à 6 vitesses ou 5 rapports Tiptronic

LONGUEUR : 4,430 m

LARGEUR : 1,770 m

HAUTEUR : 1,305 m

EMPATTEMENT : 2,350 m

DATE DE PRODUCTION : 1964 à nos jours

FREINS : à disques (AV et AR)

SUSPENSION : MacPherson indépendant (AV), bras longitudinal indépendant (AR)

JANTES : alliage, 17 pouces (AV) 18 pouces (AR)

PNEUS : 205/50 R 17 (AV) 225/40 R 18 (AR)

la production démarra en 1964, avec pour seul changement majeur le nom de la voiture, car il apparut que Peugeot détenait le monopole des noms de voiture à trois chiffres avec un zéro au milieu. C'est ainsi que naquit la première Porsche 911, dotée d'un moteur 2,0 l 6 cylindres à plat, refroidi par air et avec arbre à cames en tête entraîné par chaîne, produisant 128 ch à 6 200 tr/min et un couple de 174 Nm. C'était une deux places, mais des sièges arrières rudimentaires ayant été installés, la voiture fut décrite comme une 2+2. À l'époque, ses performances étaient dignes d'une sportive : 8,3 s pour le 0-100 km/h et une vitesse de pointe de 212 km/h.

Aussitôt après le lancement de la 911, Porsche se mit à la réviser et une version 911 S plus performante fut présentée en 1966, avec une puissance montée à 158 ch, un couple accru à 179 Nm et une vitesse de pointe de 220 km/h. À peu près à la même époque, Porsche produisit une version moins puissante, la Porsche 912, en utilisant le moteur quatre cylindres de la 356 dans une carrosserie de 911. Hormis cette aberration, la puissance et les performances de la 911 ne cessèrent de progresser au fil des ans. La 911 est toujours produite à l'heure actuelle, se rangeant aux côtés de la Chevrolet Corvette et de la Nissan Skyline comme l'une des voitures de sport les plus pérennes au monde.

Juste pour montrer le chemin parcouru par Porsche depuis 1964, sa toute dernière 911 Carrera « basique » produit 345 ch à 6 500 tr/min avec son moteur Boxer six cylindres 3 614 cm³, qui lui permet d'engloutir le 0-100 km/h en 4, 9 s et d'avoir une vitesse de pointe de 290 km/h. Pourtant, sa performance ne pèse rien comparé à celle de la 911 Turbo, qui développe 480 ch et fait le 0-100 km/h en 3,9 s pour filer vers une vitesse de pointe de 311 km/h. Et la Turbo n'est même pas la 911 la plus rapide du marché : le modèle GT2 développe 530 ch avec son six cylindres à plat 3 600 cm³, arrache la gomme pour faire le 0-100 km/h en 3,7 s et se targue d'une vitesse de pointe de 328 km/h.

De telles performances sont très éloignées de celles de l'original, et en termes d'ingénierie et de technique, les 911 de 1964 et de 2009 n'ont absolument rien en commun. Et pourtant, si l'on se réfère à leur forme de base, à la philosophie de leur conception et à leur pur charisme, il est évident que les premières 911 et leurs sœurs plus récentes partagent le même ADN. Peu de voitures ont connu autant de succès que la Porsche 911 – qui tourne sur le circuit du Mans chaque année depuis 1964, par exemple, en engrangeant au passage de nombreuses victoires dans sa catégorie. Et par ailleurs, peu de routières ont connu une aussi grande longévité et autant de réussite. C'est l'un des grands classiques du monde automobile – et, chose inouïe, elle fait toujours un tabac.

Porsche 911 GT3

PORSCHE 911 GT3 2006

MOTEUR : 3 800 cm³ quatre cylindres à plat

PUISSANCE MAXIMALE : 435 ch à 7 600 tr/min

COUPLE MAXIMAL : 430 Nm à 5 500 tr/min

VITESSE MAXIMALE : 312 km/h

ACCÉLÉRATION 0-100 KM/H : 4,1 s

TRANSMISSION : manuelle à 6 vitesses

LONGUEUR : 4,465 m

LARGEUR : 1,808 m

HAUTEUR : 1,280 m

EMPATTEMENT : 2,355 m

DATE DE PRODUCTION : 1999 à nos jours

FREINS : disque (AV et AR)

SUSPENSION : Pseudo MacPherson indépendant, barre stabilisatrice (AV), bras longitudinal indépendant (AR)

JANTES : alliage, 19 pouces

PNEUS : 235/35 ZR19 (AV) 305/30 ZR 19 (AR)

La dernière Porsche 911 GT3, qui fut dévoilée au salon de Genève 2009, est la dernière-née de ce qui devint, en très peu de temps, une voiture de sport au statut d'icône, une voiture autorisée sur route mais dont le véritable élément est la piste.

La première GT3 fut lancée en 1999 : elle s'inspire du modèle 996 de Porsche 911, la première de ces voitures de sport à moteur en position arrière à être refroidies par eau et non par air. La GT3 était totalement différente de la voiture de série standard, en partie parce que son moteur était un dérivé atmosphérique du moteur turbocompressé de la Porsche 962 de course. Elle développait 355 ch (contre les 296 ch de la 911 standard) et, grâce à cette puissance et à son poids moindre, elle était beaucoup plus rapide et faisait le 0-100 km/h en 5 s environ. En 2004, la puissance fut rehaussée à 381 ch, ce qui permit à la GT3 d'atteindre 100 km/h en 4,5 s. Puis l'arrivée de la toute nouvelle 997 Porsche 911 en 2006 fit sensation. En temps utile, une version GT3 fut lancée, proposant à présent une réserve de 415 ch et une accélération de 0-100 km/h en à peine plus de 4 s.

Porsche poursuivit le développement et proposa une deuxième génération de la 911 GT3 Type 997 en 2009. L'intention des ingénieurs de Porsche avec cette toute dernière GT3 était simple : offrir des performances et une dynamique de conduite encore meilleures. La capacité du moteur augmenta à 3,8 l avec un alésage permettant de développer 435 ch à 7 600 tr/min, ce qui en fit l'un des moteurs atmosphériques les plus puissants au monde. Le couple progressa pareillement, pour atteindre 430 Nm à 5 500 tr/min. Puisque cet engin ne cachait pas sa vocation à être mis entre les mains de pilotes, le seul type de transmission proposé fut la boîte manuelle Porsche à six rapports, de 30 kg inférieure à la transmission manuelle à double embrayage des 911 standards de route.

Si l'on s'en tient aux chiffres officiels de Porsche, la dernière GT3 avale le 0-100 km/h en 4,1 s et affiche une vitesse de pointe de 312 km/h. Or, la société étant réputée pour sous-évaluer les performances de ses voitures, il y a fort à parier que la 911 GT3 est capable de bien plus encore, même si son moteur a été conçu pour être plus propre et se conformer aux normes d'émission EU5. En fait, Walter Röhrl, ancien pilote de course et pilote d'essai de Porsche, dit avoir mis moins de 5 s par tour sur le circuit allemand de Nürburgring par rapport au modèle précédent.

Ainsi, il semblerait bien que les ingénieurs ont réussi leur première mission : booster les performances. Mais qu'en est-il de la tenue de route et de l'équilibre dynamique général ? La voiture ressemble de près au modèle précédent, mais des heures passées dans la soufflerie lui ont donné une forme qui réussit à augmenter la portance négative – de 110 kg à 315 km/h – sans augmenter la traînée. D'où une plus grande stabilité à vitesse élevée. Porsche est aussi parvenu à obtenir une légère réduction du sous-virage et à augmenter la stabilité arrière en modifiant légèrement le système de suspension et en durcissant les ressorts et les barres antiroulis.

La 911 GT3 est équipée de série du système de gestion de la stabilité de Porsche (PSM, Stability Management), qui aide le pilote à conserver le contrôle du véhicule dans toutes les situations. Mais cet engin étant une voiture de course à peine déguisée, le pilote peut choisir de désactiver séparément les composants de contrôle de la stabilité et de la traction. Il a alors le plein contrôle du véhicule, puisque, à l'inverse de certains autres supercars, ces fonctions ne se réactivent pas automatiquement, même dans les conditions les plus extrêmes. Leur réactivation est uniquement manuelle.

Bien qu'on puisse dire que presque toutes les Porsche 911 se ressemblent, le nouveau « pack aérodynamique » apporte à la toute dernière GT3 une ligne qui lui est propre, rehaussée par ses nouveaux phares bi-xénon, ses feux arrière à DEL, et ses prises et sorties d'air modifiées. Toutes les Porsche 911 sont particulières, mais certaines le sont bien plus que d'autres. La 911 GT3 est l'une d'entre elles.

Porsche 959

Au salon de Francfort de 1983, Porsche dévoila un prototype de course pour le Groupe B qui ressemblait à une 911 standard sous stéroïdes. Deux ans plus tard, toujours à Francfort, la société annonça le lancement de la production de cette voiture, pour la route, et fabriqua 200 exemplaires à des fins d'homologation. Deux plus tard encore, en 1987, la 959 vit le jour et chaque exemplaire avait été commandé, malgré un prix de 175 300 euros.

La 959 était apparentée à la 911 tout en étant très différente – plus longue, plus basse, plus large et arborant un arrière large et massif équipé d'un énorme béquet. À voir les prises et les gaines pour contrôler l'écoulement d'air sur la carrosserie, il était évident que beaucoup avait été fait pour travailler l'aérodynamique, pour un Cx final de 0,31. Mais, plus important encore que ce coefficient de traînée, la carrosserie ne créait aucune portance à grande vitesse.

Comme la 911, la 959 était dotée d'un moteur Boxer à six cylindres horizontaux opposés, mais la similitude s'arrêtait là. Pour la 959, les ingénieurs de Porsche créèrent un chef-d'œuvre de 2,8 l turbocompressé en séquence avec deux arbres à cames en têtes et quatre soupapes par cylindre. À vitesses peu élevées, seul le turbo de gauche fonctionne, mais dès qu'une puissance supérieure est nécessaire, le deuxième turbo s'active également. La 959 peut donc être conduite en ville sans sacrifier son potentiel de performances.

Et quelles performances ! Avec 450 ch à portée de main, et les six rapports de la boîte, la 959 fait le 0-100 km/h en 3,6 s, le 0-160 km/h en 8,8 s, et affiche une vitesse de pointe de 314 km/h.

Pour parvenir à un tel niveau de performance, et pour permettre aux 450 ch d'être transmis à la route en toute sécurité par le biais de gros pneus taille mi-basse créés spécialement par Bridgestone pour cette voiture, Porsche prévit dans les spécifications un système intégral à quatre roues motrices qui permettait au conducteur d'ajuster le niveau de couple transmis aux roues avant et arrière. Porsche décida de laisser le système en mode automatique et programma les ordinateurs de la 959 pour qu'ils choisissent les réglages optimums.

Les ingénieurs de la 959 changèrent également la suspension par rapport à celle de la 911 standard. La 959 avait une double triangulation superposée à l'avant et à l'arrière, avec doubles amortisseurs et ressorts concentriques à chaque angle. Elle était munie d'amortisseurs réglables pour choisir un mode standard ou sportif et sa hauteur s'abaissait automatiquement à vitesses élevées pour une stabilité aérodynamique.

De plus, la 959 fut en fait vendue sous deux versions, Sport et Confort. Le modèle sportif n'avait ni air conditionné, ni vitres électriques ni sièges arrière et pesait donc près de 60 kg de moins que la Confort.

La production débuta en 1987, alors que la 959 avait mis à l'épreuve même le génie des meilleurs ingénieurs de Porsche. Elle était si complexe et révolutionnaire qu'il était impossible de la fabriquer sur des chaînes de fabrication standard, ce qui obligea Porsche à créer une nouvelle usine pour fabriquer ces voitures à la main. La rumeur disait alors que, bien que le prix affiché de 175 000 euros était prodigieusement élevé pour l'époque, il en coûta près du double à Porsche pour fabriquer chaque exemplaire.

Les nouvelles 959 n'étaient proposées qu'aux personnes déjà clientes de Porsche et, pour dissuader les spéculateurs, les acquéreurs devaient s'engager à ne pas les vendre pendant au moins six mois. La voiture ne fut jamais homologuée pour le marché américain parce que Porsche refusa de fournir quatre exemplaires pour les essais de collision, et elle ne put jamais être conduite sur les routes du pays. De riches collectionneurs, dont le fondateur de Microsoft, Bill Gates, importèrent des 959, non sans rencontrer de grandes difficultés avec les autorités.

La production se poursuivit jusqu'en 1990 – plus longtemps que ce Porsche avait escompté – date à laquelle 226 exemplaires avaient été livrés en Europe et peut-être 100 de plus avaient été produits pour la course.

La 959 était unique, mais les enseignements tirés de son développement trouvèrent rapidement leur application chez les 911 « standard », comme en témoigne notamment le lancement de la Carrera 4 quatre roues motrices. Les quatre roues motrices furent par la suite de série sur les modèles de 911 Turbo.

PORSCHE 959 1987

MOTEUR : 2 849 cm³ six cylindres à plat

PUISSANCE MAXIMALE : 450 ch à 6 500 tr/min

COUPLE MAXIMAL : 500 Nm à 5 500 tr/min

VITESSE MAXIMALE : 314 km/h

ACCÉLÉRATION 0-100 KM/H : 3,6 s

TRANSMISSION : manuelle à 6 vitesses

LONGUEUR : 4,260 m

LARGEUR : 1,839 m

HAUTEUR : 1,280 m

EMPATTEMENT : 2,271 m

DATE DE PRODUCTION : 1987-1990

FREINS : disque (AV et AR)

SUSPENSION : double triangulation superposée indépendante (AV et AR)

JANTES : alliage, 17 pouces

PNEUS : 235/45 VR-17 (AV), 255/40 VR-17 (AR)

Porsche Carrera GT

La Porsche Carrera GT – l'un des plus beaux supercars de Porsche – démarra dans la confusion. La base de la voiture était un prototype fabriqué en vue du Mans de 1999, puis abandonné. Le moteur tire ses origines d'un V10 que Porsche conçut en secret pour l'écurie de F1 Footwork au début des années 1990. Ces deux éléments furent réunis dans un concept car dévoilé au salon de l'automobile de Genève en 2000, où il y eut assez de personnes désireuses de verser un acompte pour encourager Porsche à décider de lancer la production d'une voiture pour la route à série limitée.

Il fut prévu de réaliser une voiture de course à peine modifiée pour une autorisation sur route. Il était clair à première vue que le design de la voiture tenait plus des sportives de course de Porsche que de ses routières. L'engin a un aspect aérodynamique et musclé, avec la position centrale du moteur poussant le cockpit vers l'avant. De grandes prises d'air refroidissent le moteur et les freins tout en donnant des indications visuelles sur le potentiel final de la GT.

PORSCHE CARRERA GT 2003

MOTEUR : 5 700 cm³ V10

PUISSANCE MAXIMALE : 612 ch à 8 000 tr/min

COUPLE MAXIMAL : 590 Nm à 5 750 tr/min

VITESSE MAXIMALE : 330 km/h

ACCÉLÉRATION 0-100 KM/H : 3,9 s

TRANSMISSION : manuelle à 6 vitesses

LONGUEUR : 4,610 m

LARGEUR : 1,920 m

HAUTEUR : 1,160 m

EMPATTEMENT : 2,730 m

DATE DE PRODUCTION : 2004-2006

FREINS : disque (AV et AR)

SUSPENSION : double triangulation superposée (AV et AR)

JANTES : alliage, 19 pouces (AV), 20 pouces (AR)

PNEUS : 265/35 ZR19 (AV), 335/30 ZR 20 (AR)

Les deux bosses en acier inoxydable perforé (les « powerdomes ») qui couvrent le moteur mettent en évidence cette puissante centrale.

La carrera GT est avant tout une deux places découverte, mais elle reçoit deux coques légères en carbone ne pesant que 2,4 kg pièce, créant un toit offrant une protection contre les éléments. Sa construction doit aussi beaucoup aux technologies utilisées pour la course, puisque c'est la première voiture de série au monde à se targuer d'un châssis monocoque et d'un cadre modulaire entièrement construits en fibre de carbone. Une vitesse de pointe supérieure à 322 km/h étant envisagée, une bonne aérodynamique était vitale, et pour garantir une portance négative suffisante, le soubassement de carrosserie de la Carrera GT contient des diffuseurs. Avec l'aide d'un large aileron arrière qui se déploie à plus de 121 km/h, la Carrera GT développe 400 kg de portance négative totale à sa vitesse de pointe.

D'autres éléments des sports automobiles apparaissaient dans les jantes légères en magnésium forgé, les sièges en magnésium et fibre de carbone, et une suspension qui prévoit des ensembles ressort/amortisseur actionnés par poussoirs et leviers centraux en acier inoxydable fixés directement sur la structure du châssis pour une rigidité absolue. La configuration basique des double triangle et poussoirs à l'avant et à l'arrière à la place des pseudos MacPherson normaux de Porsche avec barres stabilisatrices, permet une tenue de route plus sûre et cohérente.

Le moteur était le même V10 que celui utilisé dans le prototype mais sa capacité passa de 5,5 l à 5,7 l. La puissance rendue était phénoménale – 612 ch à 8 000 tr/min et 590 Nm de couple à 5 750 tr/min – tout comme ses performances : la Carrera GT emportait le 0-100 km/h en 3,9 s, le 0-200 km/h en 9,9 s, et filait à une vitesse de pointe de 330 km/h. Une boîte manuelle à six rapports spécifiquement conçue pour la Carrera GT fut installée, actionnée par le premier embrayage céramique au monde. Pour faire bonne mesure, les freins à disques ventilés étaient également en matériaux céramique.

La Porsche Carrera GT n'eut véritablement qu'une rivale quand sa production démarra en 2004, la Ferrari Enzo. Toutes deux offraient une accélération foudroyante et le type de vitesse de pointe qui ne s'atteint que sur circuit. Mais elles différaient grandement par leur conception et leur exécution. La Ferrari était une pure expression d'émotion automobile tandis que la Porsche était un peu plus rationnelle peut-être et moins extravertie. Porsche annonça initialement la construction d'une série de 1 500 Carrera GT, mais finalement, quand la production s'arrêta en 2006, seules 1 270 voitures avaient été produites.

Shelby Mustang GT350

La Mustang que Ford lança en 1964 rencontra un grand succès. Elle était belle, peu chère et elle se vendit comme des petits pains. Le seul hic était qu'elle avait été conçue pour le style et non pour les performances.

Ford entreprit d'y remédier à peine un an plus tard, en dotant la Mustang du moteur V8 4,7 l de la Cobra. Avec 271 ch à disposition, une suspension révisée, des pneus plus larges et de larges bande, les performances de la voiture firent un bon en avant.

Mais ce qui retint l'attention, ce fut le travail de l'ex-pilote Carroll Shelby, celui qui avait réuni Ford et AC, le constructeur britannique de voitures de course, pour réaliser la légendaire Cobra. Shelby emporta une Mustang standard dans ses ateliers et décida de lui donner des performances, une tenue de route et un freinage supérieurs à l'original. En travaillant sur les collecteurs du moteur 289 de la Cobra et en lui couplant un carburateur Holley, il réussit à extraire 306 ch du robuste V8. Pour la course, cette puissance fut poussée à 360 ch, et cette voiture, la GT350R, laissa immédiatement son empreinte sur les circuits, emportant une victoire dans sa catégorie dès sa première participation à la SCCA B-Production en 1965, puis en 1966 et 1967.

La Mustang de Shelby fut équipée d'une transmission à quatre rapports de série, même si certaines destinées au marché de la location *via* Hertz reçurent des boîtes automatiques à trois vitesses. Il n'y avait pas de sièges arrière puisque le règlement de la SCCA B-Production stipulait une biplace. Une plage sous la vitre arrière qui abritait la roue de secours.

La suspension fut révisée pour faire face au supplément de puissance, avec triangle superposé, ressorts hélicoïdaux, amortisseurs Koni et barre antiroulis à l'avant. L'essieu rigide de Ford fut conservé à l'arrière, avec bras longitudinaux, ressorts à lames semi-elliptiques et amortisseurs Koni.

SHELBY MUSTANG GT350 1965

MOTEUR : 4 727 cm³ V8

PUISSANCE MAXIMALE : 306 ch à 6 000 tr/min

COUPLE MAXIMAL : 446 Nm à 4 200 tr/min

VITESSE MAXIMALE : 240 km/h

ACCÉLÉRATION 0-100 KM/H : 6,5 s

TRANSMISSION : manuelle à 4 vitesses

LONGUEUR : 4,613 m

LARGEUR : 1,732 m

HAUTEUR : 1,397 m

EMPATTEMENT : 2,743 m

DATE DE PRODUCTION : 1965

FREINS : disque (AV), tambour (AR)

SUSPENSION : triangle superposé indépendant (AV), essieu rigide (AR)

JANTES : alliage, 15 pouces

PNEUS : 205/60 R-15 (AV), 225/60 R-15 (AR)

Le freinage fut assuré par des disques à l'avant et des tambours à l'arrière. Des tuyaux d'échappement latéraux et des bandes extravagantes complétèrent l'allure visuelle. Forte de ses 306 ch à 6 000 tr/min et de son couple puissant de 446 Nm à 4 200 tr/min, la Shelby Mustang GT350 promettait de vraies performances, et elle ne déçut pas : elle fait le 0-100 km/h en 6,5 s pour une vitesse de pointe de 240 km/h.

En 1967, la Shelby Mustang GT350 fut rejointe par un autre modèle, la GT500. Cette voiture, la Police Interceptor, fut équipée du tout dernier V8 7 014 cm³. Ses 355 ch en faisaient un engin bien plus rapide que la GT350, avec une accélération de 0 à 100 km/h en 6 s et une vitesse de pointe supérieure à 241 km/h.

Pour certains, ce n'était pas suffisant, et quelques rares GT500 furent converties pour développer 425 ch. Nul ne sait combien d'exemplaires furent vendus, entre 20 et 50 peut-être, mais ces « Shelby Super Snakes » sont à la fois très rares et donc très recherchées. Les passionnés considèrent que les vraies Shelby

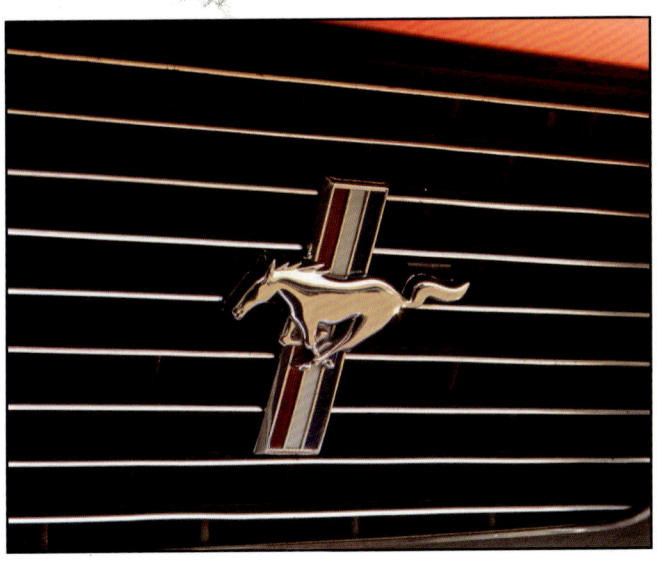

Mustang ne furent construites que jusqu'en 1967, l'année à laquelle la fabrication quitta les ateliers de Shelby à Los Angeles pour l'une des nombreuses usines de Ford dans le Michigan. Le modèle 1968 tenait plus de Ford que de Shelby : il était plus grand, plus lourd et plus confortable, avec des niveaux de préparation supérieurs, et proposait même la climatisation et la direction assistée.

De toute évidence, Ford voulait que la Shelby Mustang soit un véhicule haut de gamme et le produit fini s'éloigna chaque année du magnifique concept original de Carroll Shelby.

Aujourd'hui, la Shelby Mustang est l'une des voitures les plus recherchées de tous les muscle cars. Elle peut atteindre des prix à six chiffres dans les ventes aux enchères. La plus rare, la GT350R de compétition – seuls 37 exemplaires furent construits – fut adjugée à plus de 390 000 euros, ce qui est loin d'être négligeable vu que le prix courant du véhicule neuf était de 3 500 euros pour la version rue et de 4 670 euros pour la GT350R de compétition.

Toyota 2000GT

Les constructeurs de prestige comme Jaguar et Aston Martin paient des millions pour que leurs voitures apparaissent dans le dernier James Bond. Alors, comment une humble Toyota parvint-elle à décrocher un cachet de star dans On ne vit que deux fois ? En fait, le producteur du film « Cubby » Broccoli avait vu la Toyota 2000GT au salon de l'automobile de Tokyo en 1965, et il estima qu'elle serait la compagne à quatre roues idéales de l'associé japonais de Bond, Aki. Toyota était si désireux de participer que la société créa deux cabriolets décapotables pour le film.

Mais de toute évidence, même sans la publicité tirée du film, la 2000GT était un engin spécial. Toyota fabriquait avec beaucoup de réussite des voitures de série depuis 30 ans et estimait qu'il était temps de se positionner pour l'avenir par une déclaration forte. La société créerait une voiture GT de grande classe qui serait non seulement une vitrine pour ses compétences techniques, mais qui développerait en outre l'image d'une société qui, jusqu'alors, n'était réputée que pour ses petites voitures fiables et bien construites, mais par ailleurs lourdes et sans âme. À l'époque de son lancement, la 2000GT fut décrite avec admiration comme une « E-Type japonaise ». Pas mal pour une voiture prévue pour porter un logo Nissan. Bizarrement, le véhicule avait été conçu par un autre constructeur japonais, Yamaha, pour Nissan. Mais Nissan se désista et Yamaha vendit le design à Toyota, qui apporta des modifications et donna une place d'honneur à la voiture au salon de Tokyo de 1965.

Elle était magnifiquement proportionnée. Le design fut en grande partie l'œuvre du comte Albrecht von Goertz, le génie derrière la plus ancienne BMW 507, qui créa l'élégante carrosserie en aluminium assis sur un châssis poutre en acier et couplé à une suspension indépendante, un schéma évoquant la Lotus Elan. Elle était dotée d'un mécanisme de direction précis à pignon et crémaillère, avec du répondant, et d'excellents freins grâce aux disques aux quatre roues – la première fois qu'une voiture de production japonaise

TOYOTA 2000GT 1967

MOTEUR : 1 988 cm³ six cylindres en ligne

PUISSANCE MAXIMALE : 150 ch à 6 600 tr/min

COUPLE MAXIMAL : 175 Nm à 5 000 tr/min

VITESSE MAXIMALE : 211 km/h

ACCÉLÉRATION 0-100 KM/H : 10 s

TRANSMISSION : manuelle à 5 vitesses

LONGUEUR : 4,176 m

LARGEUR : 1,600 m

HAUTEUR : 1,161 m

EMPATTEMENT : 2,329 m

DATE DE PRODUCTION : 1967-1970

FREINS : disque (AV et AR)

SUSPENSION : ressort hélicoïdal indépendant (AV et AR)

JANTES : alliage, 15 pouces

PNEUS : 165/41 HR-15 (AV et AR)

se vantait de cette caractéristique technique. Une boîte manuelle à cinq rapports entraînait les roues arrière *via* un différentiel à glissement limité. Le capot abritait un moteur DACT six cylindres en ligne de 2,0 l alimenté par trois carburateurs horizontaux Mikuni-Solex développant 150 ch à 6 600 tr/min et 175 Nm de couple à 5 000 tr/min, assez pour faire le 0-100 km/h en 10 s et filer à une vitesse de pointe de 211 km/h. Les tests sur route s'extasièrent devant les performances de la 2000GT, et notamment sur sa tenue route. Sa conduite, sa prise d'angles et son niveau d'adhérence furent salués, tout comme l'équilibre quasiment parfait de la voiture, grâce à son centre de gravité bas, à une répartition du poids 48:52 et à une suspension d'inspiration Lotus. Cet engin était la première voiture japonaise à pouvoir rivaliser avec le summum du style et de la dynamique de conduite proposé en Europe et aux États-Unis.

La production de la Toyota 2000GT débuta en 1967 mais s'interrompit en 1970, date à laquelle seuls 351 véhicules avaient été fabriqués. Bien sûr, ce n'était pas la voiture la plus rapide sur route, mais ce n'est pas ce qui empêcha les ventes de décoller. Il est plus probable que les acheteurs avaient du mal à accepter l'idée de dépenser 5 630 euros pour une voiture japonaise quand une Chevy Corvette coûtait 3 630 euros et une Jaguar E-Type 4 330 euros. Mais les rares acquéreurs en tirèrent d'immenses récompenses. Non seulement ils jouirent de la possibilité de conduire l'une des voitures les plus intéressantes et perfectionnées pour cette époque, mais ceux qui la conservèrent purent compter sur un capital de 78 000 euros à 156 000 euros.

TVR Griffith

TVR GRIFFITH 1991

MOTEUR : 4 997 cm³ V8

PUISSANCE MAXIMALE : 335 ch à 6 000 tr/min

COUPLE MAXIMAL : 475 Nm à 4 000 tr/min

VITESSE MAXIMALE : 261 km/h

ACCÉLÉRATION 0-100 KM/H : 4,1 s

TRANSMISSION : manuelle à 5 vitesses

LONGUEUR : 3,970 m

LARGEUR : 1,740 m

HAUTEUR : 1,880 m

EMPATTEMENT : 2,280 m

DATE DE PRODUCTION : 1990-2002

FREINS : disque (AV et AR)

SUSPENSION : double triangulation superposée indépendante (AV et AR)

JANTES : alliage, 15 pouces (AV), 16 pouces (AR)

PNEUS : 215/50 ZR-15 (AV), 225/50 ZR-16 (AR)

TVR fut fondé en 1946 par Trevor Wilkinson, qui commença très tôt à fabriquer des biplaces à carrosserie en plastique renforcé de verre sur un châssis en acier tubulaire. Sa première voiture de série, introduite en 1954, fut la Grantura, remplacée par la très anguleuse et cunéiforme Tasmin en 1980. Entre-temps, un concessionnaire américain essayait d'installer un moteur de grosse cylindrée d'une AC Cobra dans sa TVR Grantura. Il s'appelait Jack Griffith et quand, des années plus tard, TVR monta enfin un gros V8 dans l'une de ses voitures de série, la société la baptisa la TVR Griffith en son honneur.

Le prototype fut dévoilé au salon de l'automobile britannique de 1990, où il rencontra un succès immédiat. La voiture avait tout de la sportive britannique classique, mais elle présentait une harmonieuse carrosserie composite toute en courbes qui reflétait une nette influence de la Jaguar E-Type et de l'AC Cobra. Le style était pur et dépouillé — les poignées de porte et de coffre étaient masquées pour éviter d'interrompre la fluidité du design, par exemple. Son allure était à la fois agressive et élégante, et ses proportions quasi parfaites.

Il s'agissait initialement de modifier le châssis existant de la TVR V8S, mais celui-ci n'était pas assez rigide pour les performances que TVR envisageait pour la Griffith. TVR choisit donc d'adapter le châssis plus ferme de la TVR Tuscan Racer. Une suspension indépendante était essentielle, et TVR opta pour des doubles triangles de longueur inégale, avec amortisseurs télescopiques réglables à ressort extérieur et barres antiroulis à l'avant et à l'arrière. Avec ses larges voies et ses pneus massifs, la Griffith offrait une excellente adhérence et une tenue de route fiable sur route sèche (même si elle se défendait bien dans des conditions humides) tout à fait capable de transmettre la puissance du V8 à la route. Rassurants, les énormes freins à disques ventilés avant et arrière se comportaient comme s'ils avaient été conçus pour les circuits.

TVR prit d'abord le V8 de 3,9 l de Rover pour la Griffith, qu'il poussa au fil des ans à 4,0 l puis à 4,3 l. En 1993, TVR mit au point sa propre version 5,0 l du V8 de Rover – la Griffith 500. À cette époque, ce moteur développait 335 ch à 6 000 tr/min et 475 Nm de couple à 4 000 tr/min.

La puissance fut par la suite réduite à 320 ch pour obtenir un ralenti sans heurt et une voiture plus maniable à petites vitesses. Même les premières Griffith affichaient une vitesse de pointe avoisinant les 241 km/h et une accélération de 0 à 100 km/h juste sous les 5 s : leur accélération était plus puissante que celle de la Porsche 911 Turbo ou de la Ferrari Testarossa, deux de leurs rivales d'alors. La Griffith 500 était même plus véloce, ne demandant que 4,1 s pour passer de 0 à 100 km/h avant de rejoindre une vitesse de pointe de 269 km/h.

Hormis ses incontestables performances, la Griffith se démarquait par son système d'échappement de gros calibre en acier inoxydable soigneusement réglé qui optimisait les performances tout en soulignant le sublime rugissement du V8, véritable marque de fabrique de l'engin. La Griffith resta en production jusqu'en 2002. Les 100 derniers exemplaires furent estampillés SE (Special Edition, édition spéciale). Ils avaient un tableau de bord et des feux arrière différents ainsi que de nouveaux rétroviseurs, et chacun était numéroté.

En dépit de son intransigeance, la Griffith rencontra un vif succès. Pour les personnes qui recherchaient un peu plus de confort – un coffre plus grand, une suspension plus douce et plus souple – TVR développa la Chimaera, un modèle aussi rapide que la Griffith mais un peu moins brutal. Toutefois, la Griffith demeure un classique aussi merveilleux qu'intemporel.

Crédits photographiques

BUGATTI AUTOMOBILES S.A.S.

Première de couverture
Page 2

THE CAR PHOTO LIBRARY – WWW.CARPHOTOLIBRARY.CO.UK

Pages 8, 10, 11, 12, 13, 14, 15, 20, 21, 22, 23, 24, 25, 26, 27, 28, 29, 30, 31, 32, 33, 56, 57, 58, 59, 60, 61, 62, 63, 64, 65, 74, 75, 98, 99, 100, 101, 102, 103, 106, 107, 108, 109, 110, 111, 112, 113, 114, 115, 116, 117, 124, 125, 126, 127, 134, 135, 142, 143, 148, 149, 150, 151, 152, 153, 154, 155, 170, 171, 172, 173, 174, 175, 176, 177, 178, 179, 180, 181, 182, 183, 184, 185, 186, 187, 188, 189, 190, 191, 192, 193, 200, 201, 202, 203, 214, 215, 220, 221, 222.

SIMON CLAY PHOTOGRAPHY – WWW.SIMONCLAY.COM

Rabats.
Pages 1, 5, 6, 7, 34, 35, 36, 37, 40, 41, 42, 43, 44, 45, 46, 47, 48, 49, 50, 51, 52, 53, 54, 55, 70, 71, 72, 73, 76, 77, 78, 79, 82, 83, 84, 85, 86, 87, 88, 89, 94, 95, 96, 97, 104, 105, 118, 119, 120, 121, 122, 123, 128, 129, 130, 131, 144, 145, 146, 147, 156, 157, 158, 159, 160, 161, 162, 163, 166, 167, 168, 169, 204, 205, 208, 209, 216, 217, 218, 219.
Quatrième de jaquette.

INP MEDIA LTD

Pages 16, 17, 18, 19, 38, 39, 66, 67, 68, 69, 80, 81, 90, 91, 92, 93, 132, 133, 136, 137, 138, 139, 140, 141, 164, 165, 194, 195, 196, 197, 198, 199, 206, 207, 210, 211, 212, 213.

Index

AC
  Ace 120
  Cobra 427 120-123
Alfa Romeo 8C
  Competizione 10-11
Alferi, Giulio 186
Artioli, Romano 32, 33
Aston Martin
  DB5 124-125
  DB9 12-15
  DB9 Volante 14
  V8 Vantage 126-127
Audi 178
  quattro 128-129
  R8 130-131

Baker, Buddy 145
Baur 134
Bentley 110
  Arnage 16
  Azure 16
  Brooklands 16-19
  Continental
    Supersports
    132-133
  R-Type Continental
    20-23
Bertone 94
Bizzarrini, Giotto 56, 94
BMW 66, 110
  507 Roadster 24
  M1 134-135
  M3 CSL 136-137
  Z8 24-27
Braeckel, Dirk van 132
Broccoli, « Cubby » 216
Brosnan, Pierce 25
Brown, David 124
Bugatti
  EB 16/4 Veyron
    28-31, 170, 171
  EB110 32-33
  EB110 SS 32-33
  Type 35 34-37
Bugatti, Ettore 32, 34

Cadillac
  Eldorado Convertible
    38-39
Castriota, Jason 98

Chevrolet
  Camaro Z28 40-43
  Corvette 40
  Corvette Sting Ray
    44-47
  Corvette ZR-1 138-141
Chrysler 175
Citroën 186

Dallara, Gianpaolo 94
De Lorean, John Z
  48, 50
De Lorean DMC-12
  48-51
Dodge
  Challenger SRT8
    142-143
  Charger 500 Daytona
    104, 144-147
  Viper SRT-10 148-51
Donckerwolke, Luc 180
Donohue, Mark 43

Egger, Wolfgang 10
Elf 33

Fangio, Juan Manuel 202
Ferrari 70, 98
  246 GT Dino 52-55
  246 GTS Spyder 55
  250 GTO 56-59
  365 GTB/4 Daytona
    60-61
  California 62-5
  Enzo 152-155, 211
  F40 156-159
  F430 11
Ferrari, Enzo 52, 70, 87,
  156,157
Fiat 52, 98
Fisker, Henrik 66
Fisker Karma 66-69
Forghieri, Mauro 32
Ford
  Falcon 74
  Fastback 74
  GT 160-163
  GT40 Mk I Production
    70-73
  Mustang 40, 74-75
  Premier Automotive
    Group 12
  Thunderbird 76-79
Ford, Henry, II 70

Gandini, Marcello 32, 94
Gates, Bill 209
General Motors (GM) 38,
  40, 43, 44, 76, 120
Giugiaro, Giorgio 48,
  94, 134, 184-185,
  186, 188
Goertz, Count Albrecht
  von 24, 216
Griffith, Jack 220
Gumpert, Roland 164
Gumpert Apollo 164-5

Hoffman, Maxi 102, 103
Honda
  NSX 135, 162

Iacocca, Lee 74, 148
Ickx, Jacky 130
Infiniti
  FX35 80
  FX50 80-81
Issigonis, Alec 94

Jaguar 12
  C-Type 82
  D-Type 82-85
  E-Type 45, 82, 86-89,
    125
  XFR 90-93
  XJ220 166-169
  XKSS 84
James Bond, films, 25,
  124, 185, 216
Jenkinson, Denis 196

Koenigsegg, Christian
  von 170
Koenigsegg CCX 170-173
Kristensen, Tom 130

Lamborghini 134
Countach 32, 134,
  135, 174-147

Gallardo 178-179
Miura P400 94-97
Murciélago 180-183
Lamborghini, Ferrucio
  60, 94
Lancia
  Stratos 55
  Land Rover 12
  Lola 70
  Lotus 33
  Esprit 48, 50
  Esprit Turbo
    184-185

McLaren F1 190-193
Mako Shark 44
Maserati 11
  Bora 186-189
  Coupé 11
  GranTurismo 11,
    98-101
Mercedes-Benz 66
  300 SL 102-103
  SLR McLaren
    Roadster 194-195
  SLR McLaren Stirling
    Moss 196-199
Michelin 28, 33
Mitchell, Bill 44
Montezemolo, Luca
  Cordero di 152
Morgan
  Aero 8 200-201
Morgan, Peter 200
Moss, Stirling 196
Mouton, Michele 129
Muller, Victor 114
Mulliner, H. J. 22
Murray, Gordon 190

Pagani, Horacio 202
Pagani Zonda
  202-203
Penske, Roger 43
Peugeot 48
Piech, Ferdinand 28
Pininfarina 52, 61, 62,
  98, 152, 156
Plymouth Superbird
  104-105

Pontiac
  Firebird 40, 48
  GTO 48
Porsche 68
  911 204-205
  911 GT3 206-207
  959 208-209
  Carrera GT 210-213
Porsche, Ferdinand 128,
  204

Renault 48
Retour vers le futur 50
Röhrl, Walter 206-207
Rolls Royce 20, 22
  Phantom 110-113
  Phantom Drophead
    Coupé 106-109
  Silver Dawn 22

Saab 68
Sayer, Malcolm 82, 87
Scaglietti 61
Schumacher, Michael 33
Shelby, Carroll 120, 122,
  214, 215
Shelby Mustang GT350
  214-215
Shérif, fais moi peur !
  145
Sinatra, Frank 95
Spyker C8 Laviolette
  114-117
Stevens, Peter 185, 190
Suharto, Tommy 178

Tom Walkinshaw Racing
  166
Toyota
  2000GT 216-219
TVR Griffith 220-222

Valmet Automotive 68
Vickers Group 110
Volkswagen Group 28,
  33, 110, 129, 132,
  178
Volvo 12, 48

Wilkinson, Trevor 220

THE THIRTEEN TRULY GREAT THINGS OF LIFE

Harold Bell Wright

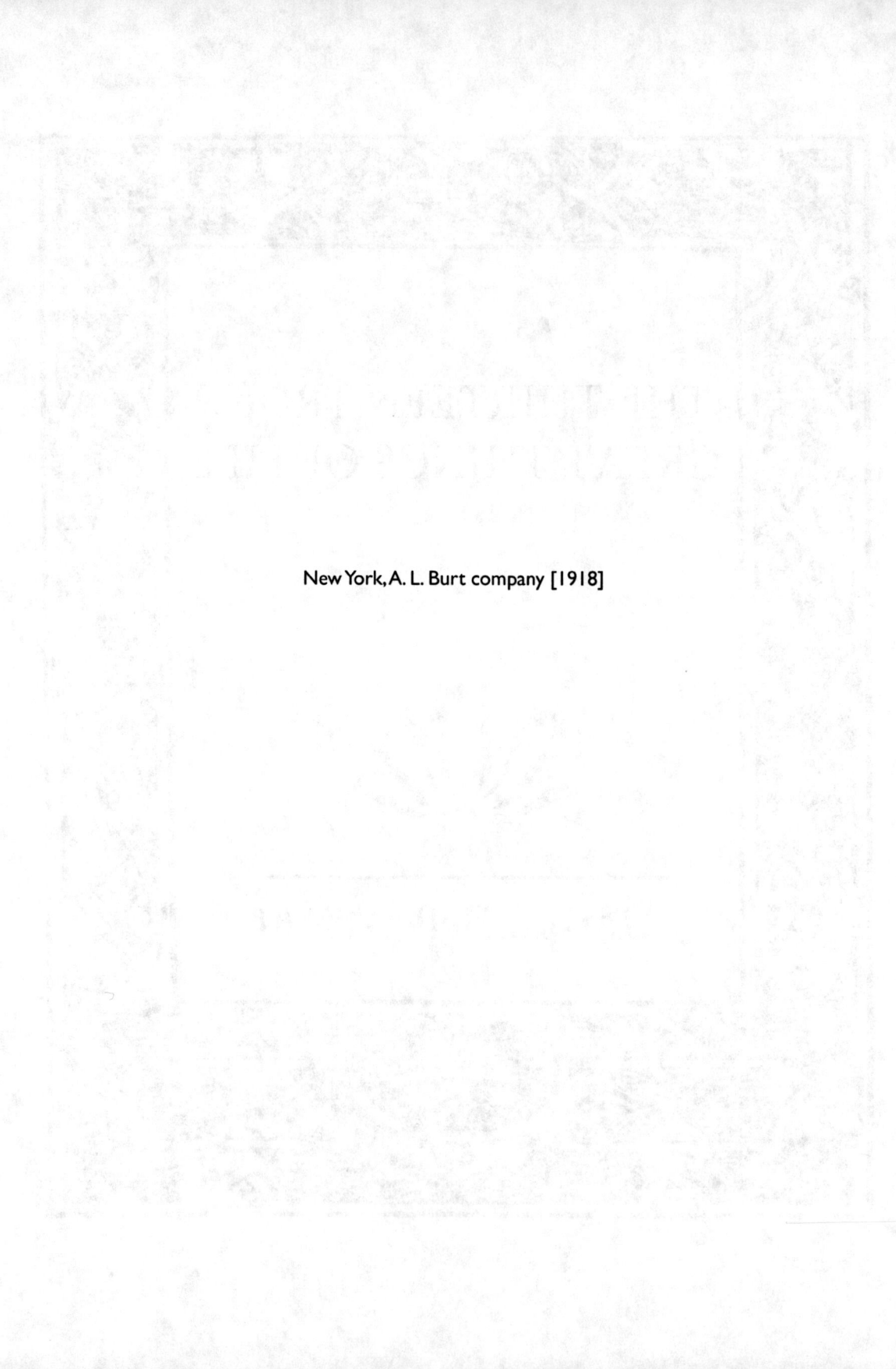

New York, A. L. Burt company [1918]

Contents

PROEM	9
DREAMS	11
OCCUPATION	33
KNOWLEDGE	52
IGNORANCE	77
RELIGION	100
TRADITION	120
LIFE	158
DEATH	178
FAILURE	192
SUCCESS	208
LOVE	217
MEMORIES	227